U0578362

数字金融对商业银行的影响研究

刘会芹 ◎著

Research on the Impact of Digital

FINANCE

on Commercial Banks

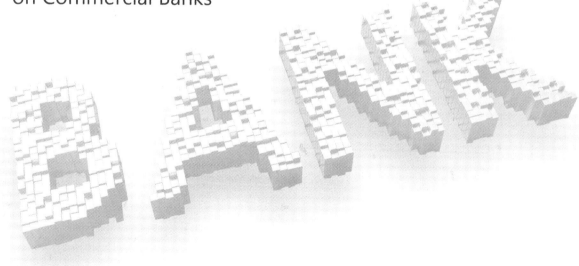

中国财经出版传媒集团
经济科学出版社
Economic Science Press

前　言

　　稳定的金融体系是经济发展的重要支撑。2021 年 12 月，中央经济工作会议提出："要正确认识和把握防范化解重大风险。要继续按照稳定大局、统筹协调、分类施策、精准拆弹的方针，抓好风险处置工作，加强金融法治建设，压实地方、金融监管、行业主管等各方责任，压实企业自救主体责任。要强化能力建设，加强金融监管干部队伍建设。化解风险要有充足资源，研究制定化解风险的政策，要广泛配合，完善金融风险处置机制。"现阶段金融风险属于我国重大风险的主要内容之一。我国经济正处于转型升级的关键时期，实体经济的高质量发展离不开金融行业的支持。所以，金融系统的稳定是经济发展的关键，提前防范并化解重大金融风险，防止系统性金融风险的发生，是当前我国金融体系的核心工作。在党中央、国务院的部署以及国务院金融稳定发展委员会领导下，目前，我国金融体系整体风险得到了较好的处置，从长期来看金融风险呈收敛趋势，总体上具有较强的可控性。近年来，数字技术的发展在各个领域得到了广泛的应用。在金融领域，数字金融成为金融行业发展的新趋势。作为金融行业发展的新领域，数字金融的出现不但深刻地影响着人们的金融生活，而且对以商业银行为主的金融体系产生了重大的影响。商业银行的风险水平、稳定性以及竞争程度等都受到数字金融发展带来的冲击，金融行业生态平衡也遭受着巨大的挑战。

　　在新兴技术与传统金融业态深度融合的情景下，数字金融已然成为转轨时期我国金融体系结构变迁的又一新鲜元素。数字金融的发展满足了企业和居民对金融服务的需求，不但降低了交易成本、简化了交易程序、提高了交易效率，而且提升了金融服务的可得性、便利性，并降低了金融机构和客户之间的信息不对称程度（王馨，2015；Huang et al.，2018）。数字金融的发展不但迅速改变着人们的金融生活，还冲击了原有的金融生态（战明华等，2018）。作为传统金融领域的中流砥柱，商业银行面临的竞争亦愈演愈烈（Hou et al.，2016；邱晗等，2018）。在金融创新提供便利、提高效率的同时，随之而来的是金融风险的增加、金融监管难度的加大。党的十九大报告提出"健全金融监管体系，守住不发生系统性金融风险的底线"。2018年4月中央财经委员会第一次会议强调"防范化解金融风险，事关国家安全、发展全局、人民财产安全，是实现高质量发展必须跨越的重大关口"。这说明在金融创新的背景下，随着数字金融对传统金融市场的重塑力度越来越大，研究金融创新载体对传统商业银行的影响具有重要的理论和实践意义。本书将从商业银行风险承担、银行体系稳定性、竞争程度的角度入手，研究数字金融对传统商业银行的影响，并分析数字金融影响商业银行的作用机制和异质性。本书的研究在防范化解银行风险、深化金融体制改革所需解决的现实问题等方面具有重要的实践意义。同时，可以为我国政策制定者提供一些有益的对策和建议。

本书主要包括导论、国内外研究述评、理论基础、数字金融对商业银行风险承担、稳定性以及竞争程度的影响等八章内容。其中主要章节如下：

第二章是国内外研究述评。首先，对国内外数字金融风险承担、稳定性、竞争程度影响因素的相关文献进行回顾和综述；其次对数字金融的发展历程以及相关的文献进行回顾和综述；最后为文献述评，并依据现有文献提出本书的研究思路和研究依据，阐述本书在现有研究框架中所处的位置以及研究的重要意义。

第三章为理论基础研究。主要包括利润效应理论、风险管理效应理论、转型效应理论、特许权价值理论、金融发展理论和金融约束理论。

第四章为数字金融对商业银行风险承担的影响研究。首先验证了数字金融对商业银行风险承担水平的影响；其次研究了数字金融影响商业银行风险承担水平的作用机制和治理机制。研究发现，数字金融发展水平越高，商业银行风险承担水平越高。在进一步研究中，对数字金融影响商业银行风险承担水平的作用机制进行了检验。研究发现，数字金融发展导致商业银行存款结构的恶化和付息成本的提高是影响商业银行风险承担水平的作用机制。进一步研究中还对数字金融影响商业银行风险承担的治理机制进行了探讨。研究发现，数字金融对商业银行风险承担水平的影响在东部地区的商业银行、非国有商业银行以及小规模商业银行中影响更大，而对中西部商业银行、国有商业银行以及规模较大的商业银行影响较小。

第五章为数字金融对商业银行稳健性影响研究。首先验证了数字金融对商业银行稳健性的影响；其次推理并检验了数字金融不同维度对商业银行稳健性影响以及两者关系的作用机制和治理机制。研究发现，数字金融发展水平越高，商业银行的稳健性越低。在进一步研究中，首先推理并验证了数字金融不同维度对商业银行稳健性的影响。研究发现，数字金融使用深度、覆盖广度、数字化程度都显著地降低了商业银行的稳健性。其次对数字金融影响商业银行稳健性的作用机制进行了推理和检验。研究发现，数字金融通过信息效应和风险效应影响了商业银行的稳健性。最后检验了数字金融对商业银行稳健性影响的治理机制。主要从商业银行的类型以及产权性质的角度研究了数字金融发展水平对商业银行为稳健性影响的结果差异。研究发现，数字金融对商业银行稳健性的影响，对中小型商业银行、非国有商业银行影响较大，而对大型商业银行以及股份制商业银行、国有商业银行的影响较小。

第六章为数字金融对商业银行竞争影响研究。本章主要分析并验证了数字金融发展水平对商业银行竞争程度的影响。研究发现，数字金融发展水平越高，商业银行的竞争程度越高。在进一步研究中，首先推理并验证了数字金融不同维度对商业银行竞争程度的影响。研究发现，数字金融覆盖广度、使用深度显著地提升了商业银行的竞争程度，没有发现数字金融数字化程度影响商业银行竞争程度的证据。其次对数字金融影响商业银行竞争程度的作用机制进行了推理和检验，研究发现，数字金融可以通过影响商业银行的净息差影响商业银行的竞争程度。最后从商业银行异质性的角度研究了数字金融发展水平对商业银行竞争程度影响的差异。研究发现，数字金融对商业银行竞争程度的影响，对东部地区的商业银行、非国有商业银行以及规模较小商业银行影响较大，而对中西部地区、国有商业银行以及规模较大的商业银行影响较小。

第七章为数字金融背景下商业银行风险管理对策和建议。主要包括商业银行风险管理的现状、数字金融背景下商业银行风险管理对策和建议。

本书在已有研究成果的基础上，研究了数字金融对商业银行的影响。可能的创新和贡献包括：从理论的角度，本书的研究丰富了数字金融经济后果和商业银行风险承担、稳定性以及竞争程度影响因素的相关研究，完善了数字金融影响商业银行个体以及行业的研究框架，提出了我国数字金融背景下商业银行风险管理对策和建议。从实务的角度，本书的研究对商业银行、金融监管部门都具有实践性参考价值：（1）有助于商业银行深入理解和把握数字金融的风险性，积极引入和发展数字金融的同时，注重数字金融引发的新风险，加强内部治理，有效防范金融风险；（2）有助于金融监管部门根据数字金融对我国金融体系的影响效应，进一步规范数字金融的相关政策和制度，并加强监管力度；（3）为我国保证金融体系安全、应对金融风险提供化解的思路和依据。由于研究能力欠缺以及篇幅限制，本书还存在一定的局限，主要是未能提出来操作性较强、可量化的政策。对于以上研究缺陷，笔者将继续进行深入的研究。

目　录

数字金融对商业银行的影响研究

第一章
导　论

第一节
研究背景与研究意义

一、研究背景

创新是推动社会生产力发展、推动生产关系和社会制度变革的动力。创新是引领发展的第一动力，是国家综合国力和核心竞争力的最关键因素。2018 年 5 月 2 日，习近平在北京大学考察时强调，"重大科技创新成果是国之重器、国之利器，必须牢牢掌握在自己手上，必须依靠自力更生、自主创新"。近年来，数字技术在金融行业的应用，推动了传统金融体系的不断变革和创新。数字金融借助数字技术，凭借互联网、云计算等技术创新，发挥数据作为资本市场要素的价值，提升了我国金融服务水平和效率，同时深化了金融服务与各个行业的有效融合，助推我国经济高质量发展。数字金融利用科学技术，优化了金融行业的业务模式和流程，创新了金融产品，成为金融行业未来发展的重要趋势和方向，而相应政策的制定和实施才能够推动数字金融的规范化、创新性发展。

数字金融借助大数据、云计算等技术，优化了金融业务的交易流程、精简了金融业务的交易程序、改变了金融机构的盈利模式、助推了我国金融业的转型。除了对金融行业产生了巨大的影响，数字金融也影响着我国经济的各个方面。首先，数字金融对我国居民的收入、消费以及创业决策都产生了较大的影响。数字金融的发展有效地提高了我国家庭收入水平，特别是对低收入群体的影响更加明显，促进了经济包容性增长（张勋等，2019）。数字金融的便利性有效地促进了我国居民的消费水平以及创业意愿（何宗樾和宋旭光，2020）。其次，数字金融也会对企业产生影响，如数字金融能够缓解中小企业的融资约束，而且能够显著地影响上市公司的创新绩效、促进企业全要素生产率的提升等。最后，数字金融的发展，提升了我国金融行业服务实体经济的能力，优化了资本市场资源配置效率，助推我国经济社会向绿色低碳、集约高效的发展模式转变。

数字金融的发展作为一把"双刃剑"，改善和提升金融行业效率的同时，也给金融行业带来了一系列的新挑战。首先，数字金融带来了新的金融风险。数字金融作为新型金融业态，深刻影响着整个金融行业的生态环境，尤其给传统银行业带来了全面深刻的影响。随着不断加速创新，数字金融迅速占领市场份额，抢占传统商业银行存贷、理财等业务市场。与传统商业银行业务逐渐形成对峙格局，增加了商业银行的风险水平。其次，数字金融改变了金融行业的竞争格局。目前，数字金融和传统金融行业在很多领域还存在着相互竞争的局面，在一定程度上发生了"挤出"效应，数字金融与传统金融行业的融合发展还待进一步加强。最后，数字金融的健康有序发展需要完善的政策监管和支持。金融创新是金融深化的突破口，但其深化发展需要完善的监督和制度规范。

因此，要进一步完善我国金融监管体制，以适应金融创新和金融发展的新形势，有序推进金融创新，健全风险全覆盖监管框架，提高金融监管透明度和法治化水平。妥善处理好金融创新与防范风险的关系，金融科技和创新需要纳入一致性的、全覆盖的金融监管体系当中。

在新兴技术与传统金融业态深度融合的背景下，数字金融已成为我国金融体系结构变革的重要标志。数字金融的发展不仅迅速改变着人们的金融生活，而且冲击了原有的金融生态。作为传统金融领域的中流砥柱，商业银行面临的竞争亦愈演愈烈。金融创新在提供便利、提高效率的同时，也增加了金融风险和金融监管的难度。党的十九大报告提出"健全金融监管体系，守住不发生系统性金融风险的底线"，2018年4月中央财经委员会第一次会议强调"防范化解金融风险，事关国家安全、发展全局、人民财产安全，是实现高质量发展必须跨越的重大关口"。数字金融是商业银行不断发展演化形成的产物，正确把握商业银行风险演进规律，厘清数字金融与商业银行风险的内在逻辑和重要问题，对于提升商业银行风险管理，促进中国金融体系健康发展具有重要意义。随着我国银行业对外开放步伐的加快，商业银行经营的外部环境日益复杂，一旦宏观经济环境发生剧变，风险很容易从单家银行传导至其他金融主体，进而也会影响我国实体经济以及资本市场的稳定。因此，对于我国商业银行来说，银行风险承担、银行稳健性以及竞争程度是金融宏观审慎监管的重要环节。随着数字金融对传统金融市场的重塑力度越来越大，研究数字金融对商业银行的影响具有重要的现实和实践意义。本书从数字金融对银行风险承担、银行稳健性、竞争程度的影响入手，研究数字金融对传统商业银行的影响，并分析数字金融对传统商业银行影响的作用机制和异质性。本书的研究在防范化解银行风险、深化金融体制改革所需解决的现实问题等方面具有一定的实践意义，同时可以为我国政策制定者提供一些有益的对策和建议。

二、研究意义

（一）理论价值

随着科技在各个领域的广泛应用，金融行业得到了不断的创新和发展。从用户角度来看，数字金融具有普惠性、便利性等突出的优势。从技术角度出发，数字金融是数字技术在金融行业的应用，具有覆盖范围广泛、边际成本几乎为零等优势。从资本市场资源配置角度来看，数字金融可以改善资本市场信息不对称程度、分散投资，提高金融行业服务资本市场的效率。数字金融的发展不仅迅速改变着人们的金融生活，而且冲击了原有的金融生态（战明华等，2018）。数字金融改变了传统商业银行的服务模式、提升了服务效率，促进了传统商业银行转型升级。数字金融不但改变了我国金融行业的技术应用、竞争程度、服务广度和深度等外部环境，而且显著地影响了我国金融行业的发展方向、风险防范和控制能力等核心能力。数字金融加剧了金融行业的竞争，降低了银行业成本的同时也降低了银行业的利润率。作为传统金融领域的中流砥柱，商业银行面临的竞争亦愈演愈烈（Hou et al.，2016；邱晗等，2018）。金融创新在提供便利、提高效率的同时，随之而来的是金融风险的增加、金融监管难度的加大。数字金融在改变商业银行业务模式和经营方向的同时，也会带来新的风险。主要有操作风险、技术风险、法律风险等。在互联网模式下这些风险均具有较强的传染性，一旦发生金融风险，将会影响到整个金融系统的稳定。金融行业服务于国民经济的各个行业，这种影响会危及国民经济的稳定发展。数字金融作为金融创新，虽然具有显著的优势，但是其可能带来的风险也应该引起足够的重视。在金融创新的背景下，研究金融创新载体对传统商业银行的影响具有重要的理论意义。本书从数字金融对商业银行风险承担水平、稳健性和竞争程度三个维度，研究数字金融对商业银行的影响。本书的研究从商业银行的视角分析金融创新的经济后果以及金融创新对传统金融体系的影响，不但可以丰富商业银行影响因素的研究，而且有助于对数字金融的属性有更全面的认识。

（二）实践价值

随着数字金融对传统金融市场的重塑力度越来越大，研究数字金融对商业银行的影响具有重要的现实和实践意义。数字金融助推了经济的快速发展，同时，也改变了我国金融行业的生态环境。数字金融发展会对现有金融体系带来冲击和影响，而具体的影响方向和机制有待进一步的验证。在我国将数字金融作为银行重要发展战略和重要发展方向的同时，防范系统性的金融风险是保证我国经济持续健康发展的重要任务和基础。我国金融业已进入全新数字时代，数字金融蓬勃发展。但金融创新往往风险和机遇并存，金融机构需要重视规范化发展。在这个过程中，深入研究数字金融对传统金融行业的影响，规范、有序地发展数字金融对我国金融行业及国家经济发展具有重要的实践指导意义。所以本书的研究价值在于：一是可以进一步地完善商业银行影响因素和影响机制，为商业银行应用和发展数字金融提供有价值的参考；二是为我国出台数字金融的相关法律法规以及相关政策提供数据验证和支撑，提升金融行业服务实体经济的力度；三是为我国维护金融安全、防范和化解系统性金融风险提供一定的理论依据。

第二节
研究思路与研究方法

一、研究思路

本书沿着数字金融的发展和应用会对传统金融行业产生影响的研究

方向，通过理论分析与实证分析相结合的研究方法，展开数字金融对商业银行影响的研究。具体来说，本书运用经济学理论、金融学理论等，从数字金融带来金融风险、影响银行体系稳定、造成业务竞争等角度分析数字金融对商业银行风险承担、稳健性，以及竞争程度的影响、作用机制、治理机制。从实证部分来看，主要运用北京大学数字金融研究中心有关数字金融的相关数据以及我国商业银行 2008～2017 年的相关数据，实证检验数字金融对商业银行的影响效应，并根据研究结论提出政策建议。具体包括以下内容。

第一章为导论。主要阐述本书研究的背景与研究意义、研究的思路与研究方法以及研究的创新与不足。

第二章为国内外研究述评，主要是文献回顾及文献评述。该部分主要由五部分组成。第一部分是梳理国内外对商业银行风险承担影响因素的相关研究成果；第二部分是梳理商业银行稳健性影响因素的相关研究成果；第三部分是梳理国内外对商业银行竞争程度影响因素的相关研究成果；第四部分是数字金融的发展历程以及相关文献回顾和综述；第五部分是对现有研究成果进行述评，并推理本书研究的意义和研究逻辑框架。

第三章为理论基础研究，主要阐述与研究主题相关的理论。主要包括：利润效应理论、风险管理效应理论、转型效应理论、特许权价值理论、金融发展理论、金融约束理论等，为本书的研究提供基本理论支撑和研究基础。

第四章为数字金融对商业银行风险承担的影响研究。主要是数字金融与商业银行风险承担相关的文献综述以及数字金融影响商业银行风险承担水平的理论推演、假设提出、研究设计、实证分析、进一步研究以及研究结论。本章主要验证数字金融对商业银行风险承担的影响以及作用机制和治理机制。

第五章是数字金融对商业银行稳健性影响研究。主要是理论推演以及假设提出、研究设计、实证分析、进一步研究以及研究结论。本章主要推理并验证了数字金融对商业银行稳健性的影响以及作用机制和治理机制。

第六章是数字金融对商业银行竞争影响研究。主要是理论推演以及假设提出、研究设计、实证分析、进一步研究以及研究结论。本章主要推理并验证了数字金融对商业银行竞争程度的影响以及作用机制和治理机制。

第七章是数字金融背景下商业银行风险管理对策和建议，主要提出了我国商业银行风险管理的重要性以及风险管理的对策和建议等。

第八章为研究结论、启示与展望。对第四章到第七章的理论分析和实证研究结论进行总结，并依据研究结论启示提出对策和建议。第八章对研究的局限性和不足进行分析，并据此推理未来可以进一步研究的方向。本书研究技术路线如图 1-1 所示。

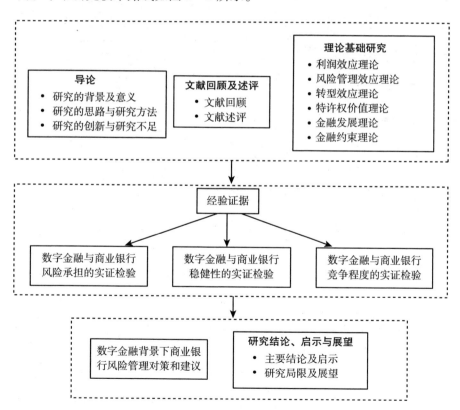

图 1-1 本书技术研究路线

第四章至第六章是本书的逻辑推理和经验验证部分。主要推理和验证了数字金融对商业银行的影响以及二者关系的作用机制和治理机制。首先，数字金融与商业银行风险承担的实证检验和数字金融与商业银行稳健性的实证检验；其次，为当前阶段我国商业银行的风险承担水平和稳健性是我国金融健康发展最重要的影响因素和基本保证；最后，数字金融与商业银行竞争程度的实证检验。本书实证部分的推理和研究层层深入，较为全面地研究了数字金融对商业银行的影响。本书实证研究部分逻辑思路如图1-2所示。

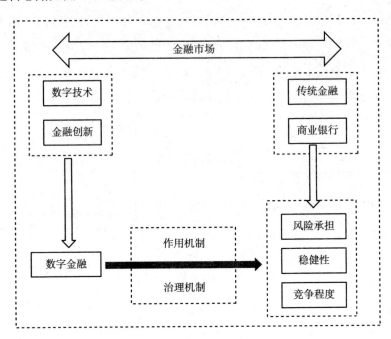

图1-2　本书实证研究部分逻辑思路

二、研究方法

本书采用的主要研究方法有规范研究、实证研究、定性研究、定量分析等。用于推理、分析和验证数字金融对商业银行风险承担、稳定性和竞争程度的影响，以及作用机制、治理机制。具体包括以下方法。

（一）文献研究法

文献研究法主要用于数字金融、商业银行风险承担、稳健性和竞争程度相关研究成果的回顾和整理，以便总结已有文献的研究成果，确定在已有研究框架中所处的位置，分析研究的意义以及可行性，并对现有研究成果进行提炼，分析其不足之处，提出研究逻辑思路和理论推演过程。

（二）实证分析法

实证分析法主要为数据的收集和整理、主要变量的概念、界定和具体计算方法、模型的设定、单变量分析、多元回归分析。主要用于数字金融对商业银行风险承担、稳健性和竞争程度影响的实证检验和分析，论证书中假设、逻辑推演的可靠性并得出结论。

（三）对比分析法

为了更全面地分析数字金融对商业银行风险承担、稳健性和竞争程度影响的作用机制和治理机制，本书从多方面进行分组或者交乘检验，用于探讨影响二者关系在商业银行异质性层面、区域异质性层面等的差异。对比分析数字金融对商业银行风险承担、稳健性和竞争程度影响在不同组别的差异。

第三节

研究创新与研究不足

一、研究创新

本书主要研究了数字金融对商业银行的影响，可能的创新之处主要有以下几点。

首先，从研究的内容来看，在对数字金融经济后果的研究中，数字金融对企业影响的研究成果较为丰富，而其对商业银行影响的研究尚少。商业银行作为我国资本市场和实体经济发展的重要支撑，其是否受到金融创新的影响，从整个研究框架上来看属于重要的研究内容。本书的研究将使数字金融经济后果的研究更加完善。

其次，从研究的理论基础来看，本书对数字金融影响商业银行的作用机制和治理机制进行研究时，在推理分析可能的结果差异时，不但运用金融学理论，还结合区域经济学理论进行辅助分析，使其可理解性更强，数字金融对商业银行影响的作用机制和治理机制更加清晰。

最后，从研究的视角来看，将数字金融作为金融创新，同时结合创新的本质，一方面可以提高创新行业的竞争力，另一方面也会面临不确定性的风险，本书的研究成果可以拓展到创新的经济后果研究。所以本书的研究成果具有较为广泛的应用性。

二、研究不足

本书的研究还具有一定的局限性，虽然本书提出了商业银行风险管理对策和建议，但是限于篇幅和研究能力，未能将监管机制、制度体系和实施思路细化为可操作、多角度、多层面的政策指引。当然，以上的研究缺憾将鞭策笔者在未来研究中逐步深入。

第二章
国内外研究述评

第一节

文献回顾

一、商业银行风险承担影响因素的研究回顾和综述

（一）商业银行收入结构及利率市场化会对商业银行的风险承担水平产生影响

随着世界金融一体化进程的持续加快以及我国加入世界贸易组织后金融领域的逐步开放，我国商业银行要在激烈的同业竞争中保持竞争优势，仅依靠传统的利息收入难以实现。于是各个商业银行越来越重视非传统银行业务的发展，实现银行收入结构的多元化以及优化转型。从相关的数据分析来看，我国商业银行收入结构多元化并未有效降低银行

风险，主要是由于非利息收入部分风险增加，非利息收入拓展了银行的利润来源渠道，但非利息收入在总资产中的占比越高，商业银行的破产风险就越大。同时，随着银行的规模的扩大，其破产风险也逐步上升。

利率市场化是实现金融市场化的重要前提，是我国金融业发展到一定程度的客观需要和必然结果。利率市场化不但能够促进金融业的发展，而且在一定程度上有助于我国经济的健康增长。但利率市场化的实施，使我国金融体系出现了新的问题。首先，中小商业银行的弱势地位更加突出，主要表现在净利差的收窄和来自大型银行激烈的竞争和挤压。其次，从业务的角度来看，利率市场化对商业银行的业务具有较大的影响。主要是依赖高利差的盈利模式无法持续、资本压力日益加剧、定价议价能力有待增强。最后，利率市场化会影响我国商业银行的风险水平。因为利率市场化明显地加剧了我国商业银行的系统性风险。在利率市场化的背景下，影子银行作为一种金融创新，在一定程度上降低了商业银行风险承担水平，但这种作用会随着利率市场化程度的提高而削弱。影子银行与商业银行之间的依附关系，会逐渐改变商业银行风险承担特征。表现为高利率市场化阶段影子银行虽然会降低商业银行的风险承担水平，但是其作用有限，相同条件下低利率等货币政策作用更加显著。

（二）数字金融的发展和应用对商业银行的风险承担水平具有显著的影响

目前，现有研究结论并未统一。首先，一些学者研究认为数字金融提高了商业银行间的风险承担水平。数字金融作为金融体系的创新，高速发展的数字金融推动商业银行形成竞争新格局，同时也给商业银行带来了巨大的挑战。有研究指出数字金融发展对商业银行风险的影响主要是因为会吸收大量零散资金，影响商业银行的资本充足率，资本充足率的不足导致商业银行风险的上升。其次，研究发现数字金融对商业银行风险承担具有显著的负效应与一定的时滞效应。而且金融监管的介入在一定程度上能降低数字金融带来的负面影响。最后，数字金融对我国商业银行风险承担的影响呈倒"U"型分布，即互联网金融发展初期通过抢占市场份额，加剧了银行体系竞争，抢占了商业银行利润，进而提高了商业银行风险承担水平，但随着商业银行对前沿数字技术的不断融合、金融产品服务的创新以及风险管控水平的提升，商业银行风险承担水平下降。面对数字金融的冲击，不同规模的商业银行对风险承担反应具有异质性。规模较大的银行对冲击反应较为滞后，而股份制银行以及中小商业银行对冲击反应更加敏感。

（三）监管政策以及市场监管对商业银行的风险承担水平具有显著的影响

货币政策和宏观审慎管理对于经济增长与金融市场的稳定都具有重要影响，而银行是金融系统的重要组成部分，其风险将影响金融体系和经济的健康发展。2008年全球金融危机爆发后，各国迅速认识到防控宏观金融风险的重要性，并积极引入宏观审慎管理。从商业银行风险承担角度深入探究双支柱调控具有现实意义，这对于我国应当如何把握和加强货币政策与宏观审慎管理工具实施的有效性发挥着重要的政策导向功能。博里奥和朱（Borio and Zhu，2008）认为，货币政策通过收入估值效应、收益搜寻效应以及保险效应影响银行的风险承担。阿德兰和申（Adrain and Shin，2009）通过分析货币政策影响风险承担的利率与估值效应发现，银行在开展信贷业务时，会根据利率水平的变化来调整抵押物的估值，致使信贷违约风险也随之发生变化。叶欢（2018）根据中国、韩国的数据，采用GMM方法实证检验了宏观审慎管理的作用效果，研究发现，货币政策、资本监管与货币政策协调性均对银行风险承担水平产生影响。宽松的货币政策能够加强资本监管对商业风险承担水平的调节作用，而紧缩的货币政策会抵消该作用，且价格型货币政策的影响更加显著。资本监管对不同类型商业银行风险承担水平的调节作用存在差异。商业银行风险承担的行为具有一定的延续性，上期的风险承担行为会对当期产生正向的影响。此外，资本充足率、杠杆率和流动覆盖率有助于降低商业银行的传染风险，三者协同在同一监管框架下发挥了降低传染风险的作用。货币政策和宏观审慎管理二者之间具有互补性，伴随宏观审慎管理的加强，商业银行风险承担对货币政策的敏感性提升，有利于增强货币政策对银行风险的约束作用的发挥。

（四）金融科技对商业银行的风险承担水平具有一定的影响

近年来，中国金融科技发展水平呈现上升趋势，在全球金融科技领域中处于领先地位。金融科技的发展带来许多"破坏式"的金融创新，改变传统金融业的经营模式，使金融业面临严峻的挑战和激烈的竞争。金融科技聚焦于互联网、云计算、大数据、人工智能、区块链、物联网等新兴技术在传统金融业的实践应用，比以往金融部门的任何一次技术革新要求更高、应用更为彻底，影响也更为深远。目前，金融科技正在深刻改变金融生态，重塑金融格局，在加快"金融脱媒"提升资源配置效率、降低交易成本的同时，也暴露出风控手段缺失、监管能力不足等问题。国内部分学者认为，金融科技的高风险性不仅会增加个体机构风险水平，而且会引发系统性风险。当受到冲击时，风险信息会迅速在不同的金融科技部门传递，加剧投资者的不理性行为，由此导致的负面结果又进一步通过加速机制和反馈机制在整个金融科技领域迅速蔓延，增加了突发性和不可预测性风险，进而更加容易诱发系统性风险。总的来说，金融科技的快速发展加剧了我国银行业的系统性风险。由于风险承担中介作用机制的存在，随着金融科技的高速发展，商业银行的风险承担倾向提高，银行体系的系统性风险也随之增加。金融科技对于不同规模的商业银行系统性风险的影响具有异质性，金融科技对商业银行系统性风险的影响在规模较小的银行中更加地显著。

二、商业银行稳定性影响因素的研究回顾和综述

（一）商业银行稳健性的内涵及度量相关文献综述

自 2007 年美国次贷危机爆发后，商业银行的稳健性就成了学者研究的重要问题之一。但就现有的研究成果来看，学界对商业银行稳健性的认识尚未达成一致。目前的研究主要从正、反两个角度对商业银行的稳健性的内涵进行了研究和阐释。首先是从商业银行内在不稳健性的视角来阐释其稳健性。马克思根据美国 1877 年经济危机中大批商业银行的破产，明确提出了"银行体系内在脆弱性假说"。在对金融机构脆弱问题进行分析和阐释的基础上，明斯基（Minsky，1982）建立了"金融机构不稳健性假说"，研究指出，银行业高负债经营的特点决定了其具有较高的风险及不稳健性。"金融机构不稳健性假说"为之后对商业银行风险进行深入研究提供了基础。克雷格尔（Kregel，1997）基于"金融机构不稳健性假说"对银行业务体制脆弱性进行深入研究，并建立了"安全边界说"。戴蒙德和戴维格（Diamond and Dybvig，1983）、戴蒙德和拉詹（Diamond and Rajan，2005）研究指出，银行体系不稳健的主要原因是储户的多样化流动性需求和银行资产缺少短期流动性资金。国内学者伍志文（2003）则从金融制度学的角度，对商业银行稳健性问题展开了深入研究，并指出金融体系的稳健性受到外部因素与金融体系内部因素的共同影响。

不少学者从正面视角阐释了商业银行的稳健性。林捷瑞恩（Jeremy Lin，1997）表示稳健的银行体系是指规模较大的商业银行、债务占比高的商业银行具有可持续的偿付能力。我国学者韩俊（2000）对商业银行的稳健性进行了深入的研究，并指出稳健的商业银行应该具备两个方面的能力：一方面，要具有持续获利能力和一定的还款能力；另一方面，商业银行要具有良好的流动性并能够应对可能发生的挤兑。龚锋

（2003）、曲洪建（2013）认为只有同时包括了健康和稳健性，即安全性和有效性并存，商业银行才能处于长期平稳的运营态势中，并继续蓬勃发展。卢盼盼和胡捷（2012）运用表示商业银行运行状态的稳健指标来测度商业银行稳健性。

对商业银行稳健性的度量是国内外学者研究商业银行稳健性的重要的研究内容之一。美国金融管理当局采用 CAMEL 评级系统以资本充足性、资产安全性等作为构建基础，对商业银行的稳健性进行了测度。2006 年，为预测和监控金融风险，国际货币基金组织制定了金融稳健性的评价体系，这一体系的建立为各国衡量商业银行稳健性提供了一定的基础。拉文和莱文（Laeven and Levine，2009）首次使用了 Z 值指数度量商业银行的稳健性。我国学者在借鉴国外成熟理论的基础上，从宏观经济因素和内部经营因素分析商业银行的稳健性，多角度构建了稳健性的评价体系。韩俊（2000）选用了财务赤字占 GDP 的比例、投入与消费的周期性波动程度以及通货膨胀率构建了 1978～1997 年度中国商业银行体系的稳健性。龚锋（2003）根据商业银行各种业务的特点，从运行稳定、发展、效益性和市场竞争能力四个方面选择了资本充足率、低资本流动性比例、不良贷款率、资产增长率、资本收益率、资产收益率、金融市场占比等二十个指数，综合性地反映银行业运营的金融市场运行稳健性。邹薇（2005）选取银行存款、银行对非政府部门贷款和银行外币负债 3 个指标分别代表银行部门的流动性风险、信贷风险和汇率风险，从而构建了我国银行体系稳定性指数 BSSI，用来度量银行体系的稳健性。结合我国 1980～2002 年的数据，对影响我国银行体系稳健性的因素进行了实证检验。研究指出，消费增长率、投资增长率与银行体系稳健性具有显著的相关关系。同时，制度环境的完善与否也是决定中国银行体系稳健性程度的重要因素。曲洪建和孙明贵（2010）研究认为稳健包含稳定和健康两方面含义，并在稳定类指数中选择贷款损失准备金率、中小银行不良贷款比率等，在健康类指数中则选择净资产收益率来评价商业银行的稳健性。陈守东和王淼（2011）从资金充裕性、资金质量、收益性和流转度四个方面出发选择了资本充足率、中小银行不良信贷比例、拨备覆盖率等 13 个指标，构建了中国商业银行稳健性指标的衡量体系。

（二）商业银行稳健性影响因素的相关文献综述

对现有研究成果进行梳理后发现，影响商业银行稳健性的主要因素可以分为外部因素和商业银行内部因素。德米瑞克和德塔吉克（Demirguc and Detagiache，1998）研究指出宏观经济环境是影响商业银行稳健性的首要因素，在很大程度上影响和决定着一国商业银行风险的大小。首先，金融创新对商业银行稳健性的影响。贝克等（Beck et al.，2000）研究指出金融创新在一定范围内有利于金融市场的发展和稳定，但是一旦超过相应的阈值，将对金融体系的稳健性产生较大的影响。而布莱恩和尼尔（Brian and Neil，2009）在研究中指出金融创新是引发全球性经济危机最直接的原因，并以 2008 年金融危机为例，认为金融创新会引发金融体系的不稳定性以及系统风险的传染性。金融创新作为商业银行重要的外部环境之一，会对商业银行的稳定产生显著的影响。其次，利率市场化会显著地影响商业银行的稳健性。乔尔·贝西斯（Joel Bessis，2002）研究指出利率市场化会在一定程度上导致市场实际利率的上升。这将提高商业银行的业务成本，降低净利差。同时，商业银行为保证一定的利润率，会提升经营风险较高的负债比重，导致商业银行资产质量的下降以及经营风险的增加。最后，金融监管强度对商业银行的稳健性也具有显著的影响。为使银行体系脆弱性保持在合理水平，外部金融监管越强，银行体系稳健性越高。巴思（Barth，2004）基于美国 3000 多家商业银行的财务数据进行了实证分析，研究发现资本充足率监管和商业银行的稳健性呈现显著的正相关关系。

影响商业银行稳健性的内部因素主要有商业银行的不良贷款率、盈利能力、业务种类多元化、负债规模等。戈德维斯基（Godlweski，2004）研究指出商业银行的稳定性在一定程度上受到不良贷款率的影响。拉詹（Rajan，2005）等研究发现投资人信任、客户需求及其资金流动等会对商业银行的稳健性产生显著的影响。从银行业务自身盈利能力和经营规模的角度来看，贝布楚克和加林多（Bebczuk and Galindo，2008）基于阿根廷930家大型商业银行的历史数据对商业银行的稳健性开展了研究，结果表明商业银行业务种类多元化以及盈利能力能够影响商业银行的稳健性。伯杰（Berger，2009）发现银行的负债规模对商业银行的稳健性具有显著的影响。商业银行通过调控负债规模，可以缓冲、对抗银行的财务风险，进而有助于商业银行稳健性的提升。此外，米克斯（Meeks，2013）等研究发现影子银行和商业银行都存在一定的流动性紧缩风险。这些风险会增加金融市场的波动，进而造成商业银行体系的不稳定。

我国对商业银行稳健性影响因素的研究起步相对较晚。不少学者聚焦于外部经济环境对商业银行稳健性影响的研究。林明亮和刘开林（2007）在测算我国商业银行体系稳健性的基础上，对其影响因素进行了较为深入的研究。研究发现GDP增速、通胀率等对我国商业银行体系的稳健性都具有显著的影响。陈守东和王淼（2011）构建了我国银行稳健性指标体系的核心指标组，并合成银行稳健性指数BSI用来评价我国银行体系的稳健性。进一步研究了GDP增长率对我国银行稳健性的影响，研究发现GDP增长率对BSI的波动的解释程度接近50%，说明银行的稳健性依赖于稳定的经济增长，受经济冲击的影响程度相当高。卢盼盼和张长全（2013）检验了金融脱媒对商业银行的稳健性的影响。研究指出脱媒校正效果可以在一定程度上缓解负债脱媒对银行稳健性的不利影响，有助于商业银行的稳健性的提升。左峥等（2014）从存款利率市场化的视角对商业银行的稳健性进行了研究，研究发现存款利率市场化除有可能降低银行资本化水平之外并不会提高银行风险水平，相反有利于缓解银行收入波动性，降低银行破产概率。邱平（2015）从市场约束视角对商业银行稳健性进行了深入的研究，研究结果表明市场约束对银行稳健性没有显著影响，而数量约束、较大的规模会提高银行稳健性。

资本杠杆对稳健性的影响作用不显著。经营杠杆对商业银行稳定的影响作用显著。

也有不少学者从银行内部经营环境的视角研究其对商业银行稳健性的影响。曲洪建和孙明贵（2010）探讨了特许权价值与商业银行稳健性之间的关系。特许权价值越高对商业银行的制约性越强，商业银行公司的稳健性越高，但是隐性保险制度弱化了特许权价值的重要作用。近年来，国内学者从微观视角深入研究金融机构技术创新对商业银行稳健性的影响。张亦春和彭江（2014）研究了影子银行发展对商业银行稳健性和经营成长的影响并进行了数据分析，研究发现尽管影子银行发展对商业银行的稳健性具有一定的正向影响，但这种影响的可持续性不强。丁振辉（2015）以利息总收入占比为基础，分析了金融创新对商业银行稳健性的影响，研究发现适度的金融创新对商业银行稳健性有积极正向的作用。郭幸（2017）研究则指出，直接影响商业银行稳健性的最重要的因素是商业银行的运营情况，商业银行应当通过业务转型提高竞争力，才能提升商业银行的稳健性。

（三）银行竞争对商业银行稳健性影响的相关文献综述

关于银行竞争对金融稳健性的影响，现有的理论研究主要存在三种假说："竞争脆弱"假说、"竞争稳定"假说和"竞争稳定 U 型"假说。"竞争脆弱"假说认为银行竞争会加剧银行风险，造成金融脆弱。过度竞争会损害银行利润和特许权价值，减少银行违约的机会成本，诱导银行提升风险偏好，从事更多高风险的投资以获取高额收益和利润，破坏整个金融行业的稳健性。在早期对该理论的研究中，基利（Keeley，1990）的观点影响最为广泛。他最早融合代理成本和银行风险的概念构建成本模型，并分析了 20 世纪 70 年代美国 150 家大型银行控股公司的数据，证实了"竞争脆弱"假说。这一时期的美国正处于金融自由化浪潮中，暂时放松了市场进入和设立分支机构的管制，使银行间的竞争更加激烈。竞争的加剧削弱了银行行为的审慎性，为扩大资金来源，银行通常提高存款利率，这不仅增加了资金成本，而且还侵蚀银行的利润、有损特许经营权价值，将银行置于风险之中。此外，银行贷款利率、边际净利息率下降，银行股东及相关利益人的收入因竞争而被削弱，导致管理层决策具有更高的风险偏好，激励银行从事高风险业务。银行竞争通过影响信贷筛选机制，进而影响银行体系的稳定性。布罗克（Broecker，1987）、沙弗（Shaffer，1998）等从银行授信行为和贷款质量的视角进行研究，结果支持了竞争脆弱假说。银行竞争特别是贷款竞争使银行忽视对贷款人的质量的判断，恶化了逆向选择的问题，贷款数量增加但质量较低，导致银行市场整体的信贷质量下降，稳健性遭受威胁。银行竞争通过影响监管效率，进而影响银行系统的稳健性。相比于集中体系下的银行，竞争体系下的银行作为独立、分散的个体，难以形成规模经济，这一固有属性决定其无法有效分散投资风险，增加了监管难度和范围。倘若缺乏有效的监管，总体风险足以影响金融稳健性。而且竞争体系下的银行数量众多，无形中增加了监管负担而降低了监管效率和监管质量，同样不利于金融稳定。银行竞争还通过影响风险传导机制来影响银行系统的稳健性。当银行市场发生流动性危机时，风险的传导和扩散程度主要取决于银行间建立的同业关系的关联程度。当市场上银行的数量少、竞争小时，同业市场的关联网络能够通过战略合作，帮助问题银行暂缓危机和风险，有效减少危机对该网络中任意一家银行的冲击，提高整个金融系统的稳健性。相反，过度竞争会降低银行间关联度，阻止其他银行向危机银行提供流动性，增加风险传导的可能性，降低金融系统的稳定性（Allen and Gale，2000）。因此，只有当金融市场上的银行数量有限时，若某家银行突发流动性危机，其余的商业银行才有动机采取战略行动，协助问题银行处理临时资金流动性不足的问题，防止危机的进一步蔓延（Saez and Shi，2004）。

"竞争稳定"假说与"竞争脆弱"假说对立，认为银行竞争有利于金融行业的稳定（Boyd and De Nicolo，2005）。这种观点认为激烈的竞争可以降低银行的贷款利率，提升更多借款人的还款能力，降低借款人违约风险和银行面临的贷款组合信用风险，促进金融稳定。然而，随着银行贷款市场集中度的提高，银行失败的可能性上升。首先，如果银行市场集中程度较高，市场力量会将银行推向"价格制定者"的角色，允许银行向借款者索取更高的贷款利率，增加贷款者偿还贷款的困难和贷款违约率，从而增大银行的风险，降低银行稳健性。同时，偿还困难的状况会迫使贷款者从事高风险、高收益的项目以及时还款，这样进一步加重了银行体系的不稳健性。其次，竞争不足的金融市场可能诱发冒险行为和道德风险，因为在集中度高的银行体系中，银行会凭借其"大而不倒"的优势，得到政府的保障和补贴。在政府的安全保障下，银行更容易投资高风险业务，对金融稳定性造成不利的影响（Mishkin，1999）。最后，"竞争稳定"假说和"竞争脆弱"假说对监管效率的观点完全相反。"竞争稳定"假说认为即使集中体系下的银行能够分散企业风险，但由于体系庞大，更容易导致管理效率低下和经营风险的增加，给相关部门的监管带来困难。另外，随着银行市场集中度的提高，银行需要提供多元化的金融服务，银行的规模越大，其复杂度也越高，这导致对银行的监管更加复杂。由此可知，集中体系下的大银行比竞争体系下的小银行更难监管。况且，高度集中的银行体系使其内部更容易遭受风险的联动作用，增加危机传导的风险，使银行系统和金融行业更加脆弱。

马丁内斯和雷普洛（Martenez and Repullo，2010）提出"竞争稳定U型"假说。该假说认为竞争既可能导致银行承担更多风险，也可能促进金融稳定，并认为银行业竞争性与稳健性的关系并非呈线性，而是以U型的曲线变化。银行的脆弱性先是随着竞争增加而下降，当竞争过于激烈时，银行的脆弱性逐渐上升，最终导致金融危机。具体来说，市场力会通过风险转移效应和边际效应来影响银行稳健性。当银行市场竞争程度较小，集中度较高时，风险转移效应占据主导，贷款人还款可能性提高，违约概率降低，有利于减轻银行脆弱，促进银行稳定。而随着银行市场竞争的扩大，在边际效应的作用下，市场力损害银行利润、特许权价值，银行投资高风险项目等行为增加了银行的不稳定性，当市场竞争增加到一定程度时，提高市场竞争程度只会使银行更加脆弱。

三、商业银行业竞争程度影响因素的研究回顾和综述

（一）金融科技、外资银行对商业银行竞争程度影响的相关文献综述

许多学者在研究中涉及金融科技发展与银行业竞争之间的关系，但学术界关于金融科技对银行业竞争的影响效应一直存在分歧。多数研究发现金融科技发展加剧金融机构之间的竞争程度。赵权伟等（2021）研究指出金融科技发展可以有效促进银行业的竞争。主要原因是信息技术的发展，行业数据信息迅速、广泛地传播和共享，这使银行业市场环境趋于公平化，打破了少数银行的垄断局势，有利于促进银行业的竞争。这说明，金融科技的发展可以有效激发传统银行业的竞争活力，从而使金融科技与传统银行更加积极地共同助力实体经济发展。少数学者认为金融科技的发展对银行业竞争的影响效应并非单一的，而是具有双重效应。豪斯沃德和罗伯特（Hauswald and Robert，2003）研究指出，信息技术对于银行业竞争存在双重效应。一方面掌握信息技术的银行市场势力上升，降低银行业竞争；另一方面信息技术的使用为银行创造更为公平的市场环境，又促进了银行业的市场竞争。孟娜娜等（2020）提出金融科技的迅猛发展对银行业的业务结构、获客渠道、经营模式以及风险承担等方面产生不同程度的影响，通过"市场挤出效应"影响传统银行业竞争格局，这既可能会加剧银行业的"马太效应"，也可能促使银行业产生"鲶鱼效应"。也有学者认为金融科技对于银行业竞争具有异质性，它与商业银行所在的地域、特质有关。孟娜娜等（2020）指出金融科技对于银行业竞争的影响存在显著的空间地理效应和产业竞争效应。在省际之间，金融科技对于地区银行业竞争存在显著的空间地理效应，且表现为显著的空间依赖效应，地区经济越发达，金融科技发展对银行

业竞争的促进作用越强。这是由于地区内的个人和企业用户均具有较强的金融需求，即金融市场规模较大。因此金融科技发展水平的提高可以使更多中小银行利用信息技术和数字化技术实现商业模式的突破，获得与用户接触的机会，从而打破大型银行的垄断，并提高地区市场的银行业竞争程度。金融科技对于地区银行业竞争存在显著的产业竞争效应。金融科技有助于不同类型银行利用"比较优势"开展适度、有效的金融科技创新，有助于降低银行业集中度，并促进地区"最优银行结构"的形成，从而促进地区银行业竞争。金融科技通过"产业挤出"和"技术溢出"两个作用渠道影响地区银行业竞争，且两个渠道对于地区银行业竞争均发挥一定程度的促进作用。

在现有文献中，外资银行进入是否能够影响东道国银行业市场的竞争程度的研究大致可以归纳为正效应、负效应、非线性关系、不确定性四个方面。外资银行进入能够提高银行业的竞争程度。克莱森（Claessens，2003）采用 PR 模型研究了 50 个国家银行业 1994～2001 年的数据，实证结果表明外资银行进入程度的加深使东道国银行体系更具竞争力，银行业对外开放与银行业竞争程度存在正向关系。国内同样也有不少学者的研究结果支持了上述观点。孙魏等（2012）利用推测变分模型和时间序列法，基于我国 14 家商业银行 1998～2010 年数据，推理分析了我国银行业竞争度的变化。结果表明，外资银行数量上的增长为我国银行业带来了一定的示范与牵动效应，与 CV 模型测度的竞争度相关，外资银行的进入增加了银行业的竞争，但影响并不显著。主要由于外资银行目前市场份额较小，难以对我国商业银行业构成威胁，因此对提升商业银行的竞争作用有限。也有研究指出外资银行进入对银行业竞争度会产生负面效应。巴拉哈斯（Barajas）等研究了哥伦比亚银行业对外开放对本国银行的影响。发现该国外资银行进入给本土银行带来了巨大的压力，使本土银行业的不良贷款量增加，资产质量变差，从而使哥伦比亚银行业的效率大大降低。管敏等（2021）以 62 个国家和地区的跨国数据为样本，采用动态面板数据模型量化分析外资银行进入对银行业市场竞争度的影响。实证研究表明，从总体上看，外资银行进入程度越高，银行业竞争度反而越低。管敏等（2021）还检验了两者之间关系的异质性，研究发现国家的经济发展水平不同时，外资银行进入对银行竞争程度的影响也具有显著的异质性。对于中低收入国家而言，外资银行的数量与资产占比提升会显著降低银行业市场竞争度；而对于高收入国家，则会显著提升银行业市场竞争度。除此之外，不少学者研究结果还认为外资银行进入与银行业竞争之间是一种非线性关系。文秦虎（2013）基于我国 14 家商业银行 1996～2010 年的面板数据，运用 Panzar-Rosse 模型进行实证分析，结果表明外资银行的进入程度和银行业竞争程度之间呈现出开口向上的"U"型抛物线关系，相比外资银行的数量总额，其资产总量对银行业竞争度的影响更加显著。当然，也有少数学者认为外资银行进入对银行业竞争度的影响具有不确定性。斯蒂格尔茨（Stigltz，1993）研究表明外资银行进入会给东道国银行、东道国企业及政府带来潜在成本，使东道国银行体系的竞争度和效率的改进受到牵制和抵消，给东道国银行带来较高的竞争压力和成本。

（二）影响商业银行竞争程度宏观因素的相关文献综述

对现有研究进行梳理后发现，影响银行业竞争的主要宏观因素有金融市场发展、利率市场化、国民经济、市场监管等。银行业是现代金融体系中的重要组成部分。近十年来，随着经济体制改革的深化和金融业对外开放的加大，研究金融市场发展对银行业竞争的影响更加重要。陈燕莹等（2012）运用 PR 模型度量了我国银行业的竞争程度，并实证检验了金融市场发展对我国商业银行业竞争程度的影响。结果表明股票市场的资产规模和流动性与我国银行业竞争程度正相关。股票市场开放度和债券市场资产规模对我国银行业竞争程度的影响不显著。金融市场发展的竞争效应对我国银行业竞争程度具有显著的影响。这说明现阶段金融市场发展能够促进我国银行业竞争程度的提高。而金融市场发展的融合效应对我国商业银行业竞争程度的影响并不显著。冯欢（2016）指出当资本市场开放度增加1%，商业银行业竞争程度提高3.085%。也就是说资本市场开放度越高，商业银行竞争度就越高。殷孟波（2009）实证检验了金融业市场开放度与银行竞争程度的相关关系，认为金融业的全面开放是导致我国商业银行业竞争程度加剧的主要原因。

随着利率市场化的推进，商业银行获得更多的自主定价权，而商业银行固定利差的盈利模式发生了转变。由此带来的不确定性将对商业银行产生巨大的影响，商业银行之间的竞争程度以及市场环境也会随之发生变化。郑杰（2003）研究指出利率市场化将加大商业银行之间的竞争压力，导致商业银行市场份额的重新分割。银行间的竞争不再局限于对客户资源的简单争夺，而是扩展到存款、贷款以及相关的中间业务领域。银行的实力信誉、存贷款利率报价水平、金融产品与服务创新能力将成为银行竞争的关键。肖文（2017）研究发现利率市场化改革对地区银行业市场竞争产生了正向影响，贷款利率管制的放开强化了地区银行业市场竞争。贷款利率管制的放开进一步强化了银行数量对地区银行竞争的正向影响。杜艳芳（2016）研究提出利率市场化作为一种金融市场化改革措施，带给商业银行的自主定价权无论在理论上还是在实践中都将导致商业银行竞争的加剧。由于利率市场化近年来才逐渐放开，商业银行还没有形成完备的定价体系，随着时间的延长，很可能会形成更加激烈的价格竞争，导致存贷利差缩小，以存贷款业务为基础的银行将会受到很大的冲击。

国民经济的发展水平也会对商业银行的竞争程度造成一定的影响。但仅有少量文献对于此进行了研究。冯欢（2016）基于国家经济稳定和增长层面研究了经济发展水平对商业银行竞争程度的影响，没有发现它们之间具有显著的相关性。这可能是因为经济发展水平作为宏观因素，对商业银行的影响范围较广，还需考虑金融结构与经济结构的匹配性，单一的宏观经济指标对商业银行竞争程度的影响并没有可以遵循的模式。徐萍（2013）研究了人均 GDP 对商业银行竞争程度的影响，研究发现它们之间具有负向关系，即人均 GDP 越高，银行的 H 值越小，商业银行的竞争程度越弱。这说明在 GDP 高速增长下，商业银行的业务也会有较高的增长速度。每个商业银行可以分摊业务增长量，这在一定程度上减弱了竞争的激烈程度。

目前与市场监管对商业银行竞争程度影响相关的研究主要包括流动性监管、市场准入和金融消费者保护三个方面。陈伟光等（2021）采用中国银行业的微观数据，实证检验了《巴塞尔协议Ⅱ》长期流动性监管指标对我国商业银行竞争程度的影响。研究发现净稳定资金比例水平的提高会显著降低商业银行的竞争，并发现资本充足率是净稳定资金比例影响商业银行竞争程度的作用机制。净稳定资金比例对银行竞争的影响存在异质性，两者的关系在非上市银行中更为显著。张娜（2017）利用世界银行2013年"金融消费者保护和教育"调查数据，实证检验了金融消费者保护监管水平对商业银行竞争程度产生的影响。研究发现金融消费者保护监管对商业银行业竞争程度的影响呈现"U"型特征。即金融消费者保护水平的改善，开始会有助于商业银行的竞争，降低银行业集中度。但监管达到一定水平后，继续加大消费者保护力度会引起银行业竞争程度的上升。而对银行的准入和业务范围的限制会改变银行业的进入壁垒和产品差异度。因此，监管措施的变更必定会导致商业银行竞争程度发生变化。彭欢和雷震（2010）、范小云（2010）等学者实证检验了放松管制对商业银行竞争的影响。研究均发现加强对国内银行市场准入的限制会增加银行业集中度，放松管制则能提高我国的银行业竞争度。

（三）影响商业银行竞争程度微观因素的相关文献综述

影响银行业竞争的主要微观因素包括经营效率、市场集中度、商业银行自身规模等。首先是经营效率对银行竞争程度影响的研究。研究者普遍认为经营效率的提升对商业银行竞争程度具有抑制作用。博尔特·汉弗莱（Bolt Humphrey，2010）研究发现商业银行的经营效率越高，其竞争程度越低。唐文静（2016）的研究得到了相似的结论，即银行获得的非利息收入占总收入的比重越高，商业银行的竞争程度就越低。

在微观层面上市场集中度是影响商业银行竞争程度的重要因素，一直以来受到国内外学者的广泛关注，但研究结论并不一致。内森和豪伍（Nathan and Heave，1989）、谢弗（Shaffe，1993）研究指出，商业银行市场集中程度越高，其竞争程度也越激烈。黄隽（2007）基于中国、韩国商业银行的数据，对银行竞争程度和银行数量之间的关系展开了研究。研究发现商业银行业竞争程度与集中度之间存在负向的关系。在韩国的银行市场上，银行竞争程度与银行的数量是负相关关系，即银行的数量越少，竞争度越高。而基于中国的数据研究结果则相反，即银行数量越多，竞争程度越高。但是也有学者指出银行业集中程度与竞争的激烈程度并不相关（Casu and Girardone，2004）。

银行自身规模对商业银行的竞争程度也会具有一定的影响。艾伦和盖尔（Allen and Gale，2000）研究指出，在具有转换成本的条件下，拥有分支网络的少数大银行市场竞争比单一银行体系的竞争更为激烈。然而，冯欢（2016）研究却指出银行自身规模越大，对抗竞争者及潜在进入者的能力越强，即商业银行的规模越大，银行体系的竞争程度越低。

四、数字金融的发展历程以及相关的文献回顾和综述

（一）数字金融的发展历程

数字金融泛指传统金融机构或互联网公司利用数字技术实现支付、融资、筹资等金融业务的一种服务模式。目前国内外对数字金融尚未形成统一的概念界定。"数字金融""互联网金融""金融科技"是学者研究和政府文件中常见的替换表述方式，它们的内涵是相同的。"互联网金融"被中国人民银行等十部委定义为"传统金融机构与互联网企业利用互联网技术和信息通信技术实现资金融通、支付、投资和信息中介服务的新型金融业务模式"[①]。国际金融稳定理事会（Financial Stability

---

[①] 《关于促进互联网金融健康发展的指导意见》。

Board，FSB）则认为金融科技是技术带来的金融创新，它能创造新的模式、业务、流程与产品，从而对金融市场、金融机构或金融服务的提供方式产生重大影响。由以上定义来看，相比于"互联网金融"强调互联网公司从事金融业务，"金融科技"强调信息技术在金融领域的应用，而"数字金融"的含义更加中性而广泛。

数字金融的发展大致可分为四个阶段。第一阶段是金融电子化阶段，这时开始利用信息通信设备和软、硬件等实现金融行业办公和业务的电子化、无纸化。代表性产品包括 ATM、POS 机、银行的核心交易系统、信贷系统、清算系统等。第二阶段是金融信息化阶段，此时的金融信息系统开始结合现代信息技术，对传统金融业进行重构并据以建立开放式的金融信息化体系。代表性标志为"网上银行"的崛起。第三阶段是互联网金融阶段，互联网公司纷纷搭建在线金融业务平台，利用汇集的海量用户和信息实现金融业务的互联互通，资产端、资金端、交易端和支付端可以任意组合，并最终通过在线平台完成金融服务。代表性业务包括网络借贷、互联网保险、移动支付等。第四阶段是数字金融阶段，商业银行和其他传统金融机构与金融科技企业展开深度合作，全面推进数字金融转型，打造更加移动化、智能化和场景化的综合金融服务平台。代表技术有大数据征信、智能投资、供应链金融等。

金融电子化阶段（20 世纪 70 年代至 2000 年）。国内的金融电子化阶段发生在 20 世纪 70 年代到 21 世纪初期，参与主体主要为商业银行。在 20 世纪 70 年代，部分商业银行就开始尝试业务的电子化。1975 年，第四机械工业部与中国人民银行联合下发了《关于下达大中城市银行核算网试点任务的通知》，要求在北京、西安、上海各建设布置一台网点计算机，形成北京—上海、北京—西安两条业务线路，俗称"三点两线"项目。但由于当时使用的国产计算机 C－4 体积大、操作复杂、运行速度慢，"三点两线"项目最终未能顺利实行，但它依然是我国银行电子化过程中的里程碑。

1978 年，改革开放给银行业带来了新的发展机会。中行广州分行和青岛分行、中国人民银行陕西省分行等纷纷意欲引进意大利 A - 4、日本理光 - 8 等国外先进的电子记账机进行试点，能够自动记账、计息和打印账页。而这些设备也只能实现记账部分功能的自动化，并未实现真正的电子化。1979 年，国务院正式批准银行业可以引入国外计算机进行试点。人民银行总行启动了银行保险系统（YBS）项目，其建设包含两部分：一部分引进 IBM 360 系统，解决香港 13 家中资银行的电子化；另一部分则接受日本政府的开发援助，在北京、上海、天津、西安、南京、广州 6 个城市引进日立 M - 150 中型机。在杭州、青岛、安康等城市引进日立 L - 320 小型机，开发银行会计联机实时处理系统和联行对账系统。YBS 项目在 1980 年陆续上线，中国商业银行的电子化进程成功的起步。

1979 ~ 1984 年，国内出现了中国农业银行、中国银行、中国建设银行和中国工商银行等多家商业银行，银行内和银行间的资金流动日益频繁，依靠邮政系统的"手工联行"效率较低且易出现错误，不能满足当时金融行业发展的需求。1987 年，中国人民银行总行批准陕西、广东两个分行进行省辖联行网络化试点。1989 年，启动了全国电子联行（EIS）项目（1989 ~ 2005 年），这是我国第一个全国性的业务处理系统。1991年 4 月 1 日电子联行正式运行，标志着我国银行信息系统进入了全面网络化阶段。电子联行系统依靠卫星进行数据传输，在当时只有人民银行接入卫星网络链接的情况下，商业银行之间的数据仍然要依靠人民银行进行同城转换，效率仍旧不够高。1993 年，《国务院关于金融体制改革的决定》明确指出要加快金融电子化建设。中国人民银行牵头研发现代化的支付系统（即中国现代化支付系统，简称 CNAPS），以替代电子联行系统。2002 年，CNAPS 的核心系统，即 RTGS 实时全额清算系统，率先在北京、武汉两地投产试运行。2003 年底推广到所有省会城市和深圳市。

随着中国经济的稳定增长，银行业务迅速发展，客户对银行业务要求和服务质量也越来越高。国内各大银行充分认识到，把原来分散在各地的分行、支行和营业机构的资源集中起来，实现大业务系统下的各种地方特点业务并存是必然趋势。各大银行实施了"数据大集中"的计划。中国工商银行于1999年率先启动"9991"数据大集中工程，将分布在各省的几十个计算中心集中到北京、上海两大数据中心。随后，中国农业银行、中国银行、中国建设银行也实施了数据大集中。

金融信息化阶段（2001~2006年）。中国于2001年加入了世界贸易组织（WTO），为了适应新形势下的竞争格局，各银行纷纷加快了信息化的步伐。在这一阶段，银行的数据集中化逐渐推进并完成，金融电子化开始从银行内部向外溢出。银行业开始利用互联网技术和数据集中优势，创新金融产品，推行网上银行服务。如中国银行的客户只要持有一张长城借记卡，再在手机上下载安装中国银行的电子钱包软件，就可以使用在线支付、查询、转账等功能。随后，中国建设银行总行正式推出了网上银行业务，接着又开通了网上个人外汇买卖、证券保证金自动转账等服务。招商银行也推出了"一卡通"及"一网通"网上业务，还包括网上企业银行、网上个人银行、网上证券、网上实时支付等功能。这一过渡阶段为日后的数字金融奠定了基础。

互联网金融阶段（2003~2015年）。在这一阶段，银行不再是数字金融发展的主力军，互联网公司从原先的技术支持型角色走向前台，逐渐渗透金融的核心业务领域。2003年，第三方支付工具支付宝的诞生彻底打开了网络支付的新局面，标志着中国数字金融进入了一个新的发展阶段。2007年，拍拍贷成立。拍拍贷是中国第一家真正意义上的P2P（点对点网络借款）网络信用借贷平台。至此，金融科技真正渗入金融最核心的业务中。同时，随着淘宝网的上线运营，网络支付迎来了"井喷式"发展。往后的十年中，支付宝的功能逐渐从最初的线上支付扩展到线下移动支付。另外，2007年股市行情较好，个人投资金额上涨，电子商务交易规模因此爆发式增长，拉动了网上支付的增长和网上银行市场的扩张。2011年5月18日，人民银行向支付宝、财付通等27家第三方支付公司发放支付牌照，第三方支付被纳入金融监管体系，标志着互联网与金融的融合。2012 年 5 月，银保监会印发《关于鼓励和引导民间资本进入银行业的实施意见》，明确支持民营企业参与商业银行增资扩股。

2014 年 1 月，中国人民银行、科技部、银监会、证监会、保监会、知识产权局发布《关于大力推进体制机制创新 扎实做好科技金融服务的意见》，对"大力培育和发展服务科技创新的金融组织体系""进一步深化科技和金融结合试点"等七个方面提出了部署和要求；3 月，在十二届全国人大二次会议的政府工作报告中首次提及互联网金融，提出"促进互联网金融发展"；10 月，蚂蚁金融服务集团成立；12 月，深圳前海微众银行正式获准开业，它是全国首家民营银行，也是中国首家互联网银行。2015 年 1 月，人民银行印发《关于推动移动金融技术创新健康发展的指导意见》，意在推动科技金融的底层基础环境建设，推动科技金融在各领域的应用；7 月，央行联合十部委正式发布了《关于促进互联网金融健康发展的指导意见》，鼓励新兴金融业务与服务业态创新，健全线上金融业务的监管制度与市场秩序。在本阶段，不论是传统银行还是新兴互联网企业都在积极探索新局面，理财平台、网贷平台、互联网保险等都得到了大幅度的增长，数字金融处于高速发展时期。

金融科技阶段（2016 年至今）。在数字金融大力发展的时期，P2P 网贷平台频繁"爆雷"，金融风险管控面临新的挑战。因此，此阶段的数字金融发展有两个特点：一是加大了监管力度，出台了多项政策以规范行业发展；二是数字金融仍然在积极推进中。在监管方面，2016 年国家先后出台《网络借贷信息中介机构业务活动管理暂行办法》和《中国银行业信息科技"十三五"发展规划监督指导意见》。监管收紧，P2P 网贷正式进入监管时代。2017 年中国人民银行成立金融科技委员会，旨在引导新技术在金融领域的正确应用。同时，央行发布《关于将非银行支付机构网络支付业务由直连模式迁移至网联平台处理的通知》，互联网公司此前与各银行建立的直联模式宣告终结。2020 年 5 月，金融科技委员会 2020 年第一次会议指出，要强化监管科技应用实践，增强金融风险技防能力。11 月蚂蚁金服暂缓上市，这家金融、科技双属性公司仍将作为金融领域企业接受监管。同时，《关于平台经济领域的反垄断指南（征求意见稿）》中明确规定差别待遇、限定交易等行为均属于滥用市场支配地位的行为。12 月出台《互联网保险业务监管办法》《完善现代金融监管体系》，分别对互联网保险、金融基础设施以及中介服务机构提出了新的监管要求。

我国一直实施积极的政策推进数字金融的发展。2016 年 8 月，国务院发布《"十三五"国家科技创新规划》，明确了加大金融科技产品创新的国家政策导向性。2019 年中国人民银行印发《金融科技（FinTech）发展规划（2019—2021 年）》，明确提出到 2021 年建立健全我国金融科技发展的"四梁八柱"，进一步增强金融业科技应用能力。数字金融发展将进入稳健有序的新时期。2020 年，深圳市出台《深圳建设中国特色社会主义先行示范区综合改革试点实施方案（2020—2025 年）》，要在中国人民银行数字货币研究所深圳下属机构的基础上成立金融科技创新平台。2022 年，央行发布《金融科技发展规划（2022—2025 年）》（以下简称《规划》），这是央行发布的金融科技第二阶段的发展规划。《规划》明确了创新边界和发展方向，提出"数字驱动、智慧为民、绿色低碳、公平普惠"的 16 字原则与 8 大方向的重点工作任务。

与数字金融相关的金融领域也备受重视。2015 年国务院印发《推进普惠金融发展规划（2016—2020 年）》，规划明确总体目标为"到 2020 年要使我国普惠金融发展水平居于国际中上游水平"。2016 年 9 月，中国作为轮值主席国牵头制定了《G20 数字普惠金融高级原则》，该原则是国际社会第一次在该领域推出的高级别指引性文件。2021 年《关于2021 年进一步推动小微企业金融服务高质量发展的通知》中指出，在依法合规、风险可控的基础上，充分利用金融科技在农业、制造业、批发零售业、物流业等重点领域搭建供应链产业链金融平台，提供方便的线上融资服务。

（二）数字金融相关的文献回顾和综述

在 2016 年 9 月 G20 杭州峰会上，数字金融首次走上国际舞台，发展数字金融已经成为共识，学者们对于数字金融的相关理论研究也日益增多。基于此，本书从数字金融与传统金融、数字金融与创新创业、数字金融与包容性增长等方面对数字金融现有研究进行综述和分析，梳理数字金融的研究现状。

1. 数字金融与传统金融

数字金融的飞速发展对于中国传统的商业银行来说，既是压力，也是机遇。数字金融的出现不仅深深地影响了传统金融体系（谢平和邹传伟，2012），改变了金融服务的提供方式和获取方式（莫易娴，2014）。与此同时，数字金融也为商业银行的跨越式发展提供了机遇（沈悦和郭品，2015）。一方面，数字金融从负债端、资产端和支付端三个方面给传统金融带来了巨大的影响和冲击（王静，2014）；另一方面，商业银行利用数字金融模式，可以深度整合互联网技术与银行核心业务、提升客户服务质量、拓展服务渠道、提高业务水平，适应数字金融模式给传统金融格局带来的冲击，获得新发展。目前数字金融的研究主要聚焦于商业银行效率、风险承受程度和货币政策几个方面。

2. 数字金融对商业银行效率的影响

刘澜飚等（2013）通过梳理现有研究发现数字金融对传统金融中介的替代作用较小，两者之间存在着较大的融合空间。沈悦和郭品（2015）指出，数字金融在一定程度上给商业银行带来了正向的"技术溢出效应"。吴成颂等（2019）发现数字金融通过冲击银行资产端业务增加了银行信用风险，且通过冲击负债端业务增加了银行流动性等风险。樊莉和李嘉玲（2019）使用 Tobit 模型实证检验了数字金融及其他宏观、微观因素对效率指数的影响，发现数字金融对商业银行全要素生产率具有的正向影响。杨傲和王力（2019）研究了数字金融对商业银行效率的影响，发现数字金融对商业银行效率提升存在正向影响，但不同类型商业银行对互联网金融技术溢出的吸收能力存在差异性。封思贤和郭仁静（2019）通过实证检验发现数字金融的发展改善了商业银行的成本效率，为商业银行数字化转型升级提供了基础。王升和李亚等（2021）运用动态面板广义矩阵估计方法研究分析了数字金融对我国商业银行风险承担的影响，发现数字金融发展初期通过抢占市场份额，加剧了行业竞争，抢占了商业银行利润，进而加大了商业银行风险承担的成本。温博慧和刘雨菲等（2022）借助北京大学数字普惠金融指数，运用实证证明了数字金融的发展对传统银行小微贷款具有正向促进的作用。

戴国强和方鹏飞（2014）认为数字金融提高了银行的资本成本，降低了银行的盈利水平，加大了银行的风险承担。刘忠璐（2016）研究认为商业银行利用互联网金融技术可以优化银行风险管理流程以及风险管理模式，进而提高银行风险管控能力。喻微锋和周黛（2018）采用动态广义矩阵与面板门槛模型，运用实证证明了数字金融显著加剧了商业银行的风险。进一步研究发现，银行规模不同，数字金融对银行风险的影响程度也不同。具体表现为：对于大银行数字金融能够显著加剧银行风险；而互联网对于小银行的风险水平没有显著的影响。刘孟飞和蒋维（2021）基于我国商业银行的面板数据，研究发现数字金融对商业银行风险承担的影响呈现出先升后降的倒"U"型关系。即早期金融科技发展提高了银行的风险承担水平。但随着金融科技相关技术发展成熟，在后期有利于降低管理成本，增强风险控制能力，转而降低银行风险承担。胡灵等（2022）研究了数字金融对商业银行整体风险以及表内、表外风险的影响。发现数字金融的发展能够有效降低商业银行整体风险，表现为表内风险显著降低，而表外风险提升。田雅群和何广文（2022）主要研究了数字金融对我国农村商业银行风险的影响。发现数字金融通过增加付息成本和缩窄多元化收入的途径增大了农村商业银行风险，但数字金融也促进贷款结构优化进而降低农村商业银行风险。陈敏和高传君（2022）从结构视角出发，对数字金融作用于银行风险承担行为的具体传导渠道进行了梳理和验证，发现银行会利用金融科技手段获取大量有用的信息。这有利于降低银行与企业之间的信息不对称程度。此外，银行可以通过建立智能化风险管理流程，风险管理水平得到了显著的提升，有助于商业银行损失的降低。

邹新月和罗亚南等（2014）从货币需求、货币供给和货币政策效率三个方面对数字金融影响货币政策的机理进行了研究与分析，认为数字金融改变了金融市场经济主体行为，使货币需求和资产结构处于复杂多变的状态。此外，研究还表明数字金融间接地拓宽了货币供给的渠道，削弱了货币供给的可控性、可预测性与相关性，进而干扰了货币政策制定的准确性与实施的有效性。中国人民银行惠州市中心支行课题组（2016）研究发现，数字金融通过影响货币供求和社会信用环境，增强了货币政策的内生性与随机性，从而弱化了货币政策的可控性与准确性。战明华和张成瑞等（2018）对数字金融发展如何影响货币政策银行信贷渠道的传导机理与传导效果进行了研究，发现数字金融从总体上弱化了货币政策银行信贷渠道的传导效果。从理论上来说，互联网金融可以有效地降低借贷双方的信息不对称程度，并通过改变金融市场的生态而促进金融产品和金融工具的创新，从而降低金融市场的摩擦程度，进而弱化货币政策银行信贷渠道的效果。许月丽和李帅等（2020）通过实证研究，发现数字金融对货币需求函数的全局稳定性和边际稳定性产生了显著的影响。货币需求函数产生突变性的、全局的不稳定，说明数字金融深刻而全面地改变了微观经济主体的持币行为，以及经济中的支付和交易方式。数字金融影响货币政策银行信贷渠道的微观机理则是通过影响家庭、银行和企业等微观主体的金融决策实现的。何剑和魏涛（2022）在新古典投资理论框架下，对数字金融与货币政策有效性的内在联系进行了研究，发现数字金融并非强化而是更多地削弱了货币政策的有效性。进一步分析发现，在民营企业（尤其是融资约束较高的企业）和高成长性企业层面，数字金融对货币政策的削弱力度影响更大。

3. 数字金融与创新创业

谢绚丽等（2018）发现，数字金融对新增注册企业数量增长具有正向作用，并且这一现象在城镇化率低的地区更明显。谢文武和汪涛（2020）基于数字普惠金融发展数据库和中国家庭追踪调查（CFPS）数据库，对数字普惠金融发展与农村居民创业之间的关系进行了研究，发现数字金融的发展可以在一定程度上增加农户创业融资的渠道，对创业起到正向的促进作用。李晓园和刘雨濛（2021）从多个维度研究了数字金融对农村创业活跃度的影响，发现数字金融的发展能显著提升农村创业活跃度。进一步研究还发现，数字化水平越高，则信用化程度越高、交易越便捷、成本越低，越能有效地提高农村创业活跃度。宋伟和杨海芬（2022）从宏观及微观两个层面研究了数字普惠金融对农村家庭创业的影响作用和机理。研究发现，数字金融发展从宏观层面上可以通过经济增长效应、创新效应及机会平等效应有效改善农村家庭创业的外部环境条件。从微观层面上，数字普惠金融发展通过信息传递效应、社会网络效应和信贷资源获取效应，对农村家庭创业机会识别、创业资源获取等产生影响，有效提升农村家庭创业能力。王倩和张晋嵘（2022）基于中国家庭追踪调查和北大数字普惠金融数据，通过实证证明了数字金融的发展能够显著提升农民的创业水平。马小龙（2022）发现数字金融支持可以有效缓解农户创业资金约束，促使创业农户与地方产业发展紧密连接，降低农户创业风险，进而大幅提高农户创业绩效。

小微企业作为创业活动的主体之一，受到很大的关注度。大部分学者通过理论与实证分析，发现数字金融可以缓解小微企业融资约束，促进小微企业融资和创新。王馨（2015）基于"长尾"理论，对数字金融解决小微企业融资的可行性进行了分析，发现数字金融可以作为一个较好的技术过滤器，对长尾中的小微企业优劣进行筛选，从而促进金融资源的合理配置，进而提高创业绩效。邹伟和凌江怀（2018）从传统金融和数字金融层面对小微企业融资约束的影响进行了验证，发现数字金融能够帮助小微企业获得信贷支持，缓解小微企业融资约束，进而提高金融资源配置效率、促进创业。滕磊（2020）首先从理论上推理了数字普惠金融破解中小企业信贷市场上的融资悖论，论证了中小企业可以获得更多的融资机会与更低的融资成本。之后再使用数字普惠金融指数分指数"数字金融的使用深度"，根据其细分的六类金融服务模式进行检验。发现投资和信贷服务对中小企业的融资约束缓解效用最明显。也有部分文献认为数字金融的发展不一定会对企业的发展产生正向作用，研究认为数字金融不能缓解小微企业融资约束，也不能够促进创业。谢绚丽等（2018）认为数字金融的特质在于"普惠"，侧重于对"长尾"群体的金融服务可得性的改善，而"长尾"群体的"劣信用"特征较为显著，因而数字金融对小微企业融资约束的作用是有限的。张定法等（2019）认为数字金融是一个新兴的金融服务模式，可能会潜藏更加隐蔽与复杂的风险，是否能够促进小微企业创业还有待商榷。

数字金融的广泛应用对推动实体企业创新产生了重大影响。数字金融发展会显著缓解企业的融资约束，而融资约束放松会对企业创新产生显著正向影响，且数字金融的覆盖广度、使用深度、数字支持服务程度三个维度均会对企业创新产生积极作用（梁榜和张建华，2019；万佳彧和周勤，2020）。谢雪燕和朱晓阳（2021）从理论和实证两个方面对数字金融与中小企业技术创新的影响和机制进行了研究，发现数字金融的支付、货币基金、保险、信用等业务功能均显著促进了企业技术创新。李菲菲和马若薇等（2022）以 2014～2019 年中国制造业上市公司微观数据为样本，考虑了产权性质在数字金融与企业整体创新及异质性创新活动的调节效应后，采用面板回归模型研究了两者的关系，发现数字金融发展对企业创新投入有正向促进作用。从不同维度来看，数字金融使用深度对创新投入的促进作用最强。郑雨稀等（2022）基于双元创新理论，从要素密集度、市场竞争程度两个方面对数字金融是促进了企业突破式创新还是渐进式创新进行了异质性分析，发现数字金融有利于推动企业突破式创新和渐进式创新，且提升突破式创新的作用更强。进一步从企业创新需求视角对数字金融提升企业创新的差异化影响进行分析后，发现相对于创新需求较低的企业，数字金融提升企业突破式创新、渐进式创新的作用在创新需求较高的企业中更加显著。

4. 数字金融与包容性增长

邵汉华（2017）研究发现数字金融通过收入分配效应可以缩小城乡收入差距。朱一鸣（2017）发现数字金融可通过经济增长、降低贷款成本和抵押物以及提高人力资本渠道间接影响农村居民收入与城乡收入差距，进而促进经济包容性增长。张勋和万广华等（2019）将中国数字普惠金融指数和中国家庭追踪调查（CFPS）数据相结合，首先通过实证研究发现数字金融在落后地区的发展速度更快，而且能够显著地提升农村低收入群体的家庭收入，进而缩小区域和城乡差距，促进中国的包容性增长。其次通过对物质资本、人力资本和社会资本的异质性分析，发现数字金融的发展特别有助于促进低物质资本或低社会资本家庭的创业行为，从而促进了包容性增长。任碧云和李柳颖（2019）从数字支付服务、数字投资服务、数字借贷服务的使用情况和数字金融服务的可得性四个维度对数字金融对农村包容性增长的影响程度和影响机制进行了研究，发现数字支付服务使用情况和数字借贷服务使用情况对农村包容性增长有着直接的促进作用。可以看出数字金融服务的可得性既可以直接推动农村包容性增长，也可以通过促进数字支付和数字借贷等金融服务的使用间接推动农村包容性增长。而数字投资服务使用情况并不能显著影响农村包容性增长。

第二节

文献述评

对现有相关文献进行回顾整理后发现，对商业银行的现有研究主要包括：对商业银行风险承担水平的影响研究、对商业银行稳健性的影响研究以及对商业银行竞争程度影响研究。具体来说主要有：商业银行收入结构、利率市场化、监管政策以及市场监管对商业银行风险承担具有一定的影响；宏观经济环境、利率市场化、商业银行的不良贷款率、盈利能力、业务种类多元化、负债规模对商业银行稳健性的影响研究；金融科技、外资银行、利率市场化、国民经济、市场监管、经营效率、市场集中度、商业银行自身规模等对商业银行竞争程度的影响研究。可以看出目前对商业银行影响的研究中，有较多的研究基于外部因素和银行自身特征分析了对商业银行的影响。而对数字金融的相关文献进行梳理后可知，目前的研究主要集中在数字金融的发展历程、数字金融与传统金融的关系、数字金融对商业银行效率的影响、数字金融对货币政策的影响、数字金融对创新创业的影响等。数字金融作为金融创新，一方面需要利用金融创新弥补金融服务短板，增加有效金融供给，促进金融业可持续均衡发展；另一方面金融创新过程中商业银行的风险识别和监管也尤为重要。所以可以推理，数字金融的发展对商业银行具有一定的影响。从研究框架上来看，金融创新在发展过程中会对传统金融行业产生影响，而具体的研究方向，有待进一步的验证。目前数字金融对商业银行影响的研究较少。近年来，国内外的文献极大地丰富了商业银行影响因素以及数字金融的经济后果的研究，这为本书研究数字金融对商业银行的影响提供了重要的参考和借鉴依据。现有文献的研究思路为本书的研究提供了研究框架以及本书的研究在整个研究框架中所处的位置和地位。为本书研究的可行性和必要性提供了坚实的文献支撑和依据。

实务中，由于数字金融的发展和应用给商业银行带来发展的同时，也带来了很多挑战。一方面是给商业银行的发展带来了多方面的影响；另一方面是给我国金融监管也带来了新的挑战。近年来，我国积极推进数字金融的进一步深化发展，推动金融供给侧结构性改革，并作为促进我国经济高质量发展的重要手段。2020 年 5 月中国人民银行等八部委联合颁布《关于进一步强化中小微企业金融服务的指导意见》，指出"商业银行应积极运用大数据、云计算等技术建立定价和风控模型，完善信贷流程；加强银行小微客户信用信息和外部征信、税务、市场监管等数据的挖掘、整合与分析，提高客户甄别程度、信贷效率及服务质量"。从我国商业银行的发展实践来看，我国商业银行都积极地融入了数字金融的发展进程中并以此加速转型升级，我国的数字金融发展和应用目前处于世界领先水平。但是数字金融是一把"双刃剑"，给我国经济带来积极效应的同时，也逐渐暴露出来各种严峻的风险。在金融创新继续发展和推进的浪潮下，充分关注数字金融对商业银行的影响，成为我国金融业可持续发展及维护金融稳定的重要话题。

第三章
理论基础研究

第一节
利润效应理论

　　利润效应是指在营销背景中利润对公司产品和营销开支决策的影响。这一概念最早是在美国学者约翰·戴维斯（Johnx Davis）的《营销管理的量化手册》一书中提到。利润效应等于单位贡献额乘以售出产品的单位数量减去固定总成本。根据该公式能够看出利润效应数据反映的是公司营销支出对公司盈利能力产生的影响。但是在选取计算利润效应的数据时会存在一定的局限性，因为利润效应的数据并不能完全准确地反映出营销所产生的影响，且更加强调成本对利润的影响。

　　利润效应理论应用较为广泛，在各个行业领域中都得到应用。数字金融的发展和广泛应用，助推了传统银行业的全面升级转型。银行业已经逐渐从以实体营业网点为主、手机银行线上推广为辅的运营模式转变为线上为主、线下为辅的运营模式。数字金融的发展为各行各业注入了新活力和新动力。我们从利润效应的视角分析数字金融对传统金融行业的影响。赛义德和尼达（Syed and Nida，2013）研究发现金融科技的发展能够增加银行的利润，其主要路径是数字金融可以挖掘和吸引更多潜在的客户。黄倩等（2021）通过实证研究证实了数字金融的发展能够显著地促进商业银行的整体发展。这主要体现在数字金融能够显著提高商业银行的盈利能力。而且数字金融的发展对商业银行的影响是多维度的。不但影响商业银行内部经营模式，如对银行规模、非利息收入、不良贷款率等方面产生积极作用，而且可以从外部经济环境的提升和完善推动商业银行的发展。这将从整体上提升商业银行的经营效益与盈利能力。但也有学者研究得出了与上述观点相反结论。认为数字金融的普及降低了商业银行的盈利能力，对商业银行的盈利能力有负向影响。宋葳（2020）通过实证研究发现数字金融的发展对农商银行的盈利能力具有显著的负向影响。并且在信贷、货币基金等方面，由于银行外的数字金融平台更简单易操作，其替代效应产生的影响更加显著。所以，研究指出数字金融发展对农商银行盈利能力的替代效应要强于溢出效应，在一定程度上对农商银行的盈利能力构成了威胁。

第二节
风险管理效应理论

风险管理通过对风险的识别、衡量和分析，选择最有效的方式、主动地，有目的、有计划地处理风险，并以较小的成本争取获得最大安全保证的风险管理方法。当企业面临市场开放、法规解禁、产品创新等情况时均会引发风险变化以及波动，增加企业的经营风险性。良好的风险管理有助于降低决策失败的概率，避免损失，提高企业的附加价值。

美国是最早开始进行风险管理理论与实践研究的国家。风险管理起源于 20 世纪 50 年代，美国通用汽车公司的自动变速装置失火，造成 5000 万美元的巨额损失，这场灾难成为风险管理研究和发展的起源。一方面，美国各研究机构加强了对风险管理理论的研究。另一方面，美国的大中企业纷纷设立风险管理部门及风险经理职务。20 世纪 60 年代，在美国风险管理正式成为一门新的管理学科。而后风险管理在世界范围内得到了重视和发展。

良好的风险管理体系能够增加企业的经营效益。而风险管理对银行业来说尤其重要。控制、化解和防范金融风险是我国当前银行风险管理的重要内容。金融科技的发展和应用对商业银行的风险以及风险管理水平都具有显著的影响。姜增明、张超（2019）等按照《巴塞尔协议》的风险分类将传统商业银行的风险主要归结为三大类，分别是信用领域风险、市场领域风险以及操作领域风险。并认为金融科技的运用有助于传统商业银行的风险管理水平的提升，并且能够赋能商业银行风险管理转型升级。但金融科技的运用提高商业银行资源配置效率、服务能力和风险管理水平的同时，也加剧了银行业以及整个金融体系的波动性，导致风险复杂性提升且风险传导速度加快。因此金融科技的发展在一定程度上加大了银行风险管理的复杂程度。邱晗等（2018）研究指出金融科技的发展促进了银行利率市场化、改变了银行的资产负债结构，也提升了商业银行的风险承担水平。银行会选择承担更大的风险来弥补利率市场化带来的成本损失。可以看出，金融科技的发展有助于商业银行的风险管理水平的提升，但同时也增加了商业银行的风险承担。李向前和贺卓异（2021）通过对商业银行进入金融科技领域前后的利润以及利润率的分析和研究，提出金融科技的发展对商业银行具有"风险管理效应"。即虽然商业银行进入金融科技领域后的利润有所下降，但利润率的波动也随之下降。这说明金融科技虽然降低了商业银行的利润，但有助于改善商业银行的风险。拉帕维塔斯和桑托斯（Lapavitsas and Santos，2018）从缓解信息不对称的视角出发，研究发现金融科技的发展有助于商业银行更全面地了解信贷客户、降低信贷风险。

数字金融的发展和应用会对商业银行的风险水平、风险管理模式及风险管理水平带来一定的影响，具体的影响方向，目前学术界尚未得到统一。数字金融的发展和应用提高了商业银行的服务水平和效率，同时数字金融带来了商业银行风险水平和风险管理难度的增加以及风险传染速度的加快，商业银行应该重视数字金融带来的新风险，按照"战略重视、技术储备、重点突破"的思路着力提升风险管理水平，抢占金融科技时代风险管理转型的"先发优势"。当前，我国经济发展的内部、外部环境都发生了深刻的变化，需求收缩、供给冲击与预期转弱交互重叠，政治经济、社会民生等领域面临的风险与不确定性因素显著增加。为此，中央经济工作会议明确提出要"正确认识和把握防范化解重大风险"。银行作为现代金融体系的核心，在国民经济发展中发挥着重要的作用，同时，也是我国防范和化解金融风险的重要主体。

第三节

转型效应理论

转型通常是指事物的结构形态、运转模型以及人们的观念根本性转变的过程。不同转型主体的状态及其与客观环境的适应程度，决定了转型的内容和方向的多样性。转型是主动求新求变的过程。一个企业的成功转型，就是指企业通过对业务和管理进行结构性变革，获取经营绩效的改观。

转型主要有经济转型和社会转型两类。经济转型是指一个国家或地区的经济结构和经济制度在一定时期内发生的根本变化。具体地，经济转型是经济体制的更新，是经济增长方式的转变，是经济结构的提升，是支柱产业的替换，是国民经济体制和结构发生的一个由量变到质变的过程。任何一个国家在实现现代化的过程中都会面临经济转型的问题，即使是市场经济体制完善、经济非常发达的西方国家，其经济体制和经济结构也并非尽善尽美，也存在着某种经济结构向另一种经济结构转型的过程。社会转型的含义目前还没有达到统一，形成了多种观点。其中有观点认为社会转型是一种整体性发展，包括经济增长在内的人民生活、科技教育、社会保障、医疗保障等方面的社会全面发展。陆学艺和景天魁（1994）在《转型中的中国社会》一书中提出的代表性观点认为"社会转型是指中国社会从传统社会向现代社会，从农业社会向工业社会、从封闭性社会向开放性社会的社会变迁和发展"。郑杭生（2008）等则认为社会转型是一个有特定含义的社会学术语，是指社会从传统型向现代型的转变，或者说由传统型社会向现代型社会转变的过程。

为了适应社会和经济的发展，企业也需要及时进行转型升级。同样，金融科技发展和运用是否会给银行业的转型带来一定程度的影响。近几年，我国商业银行积极推进数字化转型，加大线上业务研发和应用。李向前和贺卓异（2021）研究认为金融科技的发展对商业银行具有"转型效应"，并进行了实证检验。在检验中对比了商业银行金融科技前后经营效益的变化。研究发现金融科技的应用并未显著地改善商业银行的经济效益。即商业银行发展金融科技的主要目的是实现转型升级，并将金融科技给商业银行带来的这种转型称为"转型效应"，指出金融科技的运用会改变商业银行的业务结构，使其转型为多种业务结构均衡发展的经营模式。姜增明（2019）等从风险管理的视角阐述并论证了金融科技促进商业银行转型的路径。金融科技可以为商业银行的风险管理工作提供创新型解决方案，从而带动商业银行转型升级。张哲宇（2019）等从合规管理的视角出发论述了金融科技赋能商业银行转型的方式，认为商业银行是通过充分利用 OCR 技术、人工智能技术使风险合规管理体系完成数字化、智能化转型。吕晓兰（2022）以农商行为研究对象，基于 SWOT 分析法得出结论认为在互联网金融背景下，商业银行的发展受到巨大挑战，其盈利能力也受到了巨大的冲击。商业银行需要改变传统的经营模式、实施战略转型。

随着互联网飞速发展和在各个领域的广泛使用，商业银行开展数字化转型是未来发展的必然趋势，也是金融行业提升服务效率和质量的关键。2022年1月12日，中国人民银行印发了《金融科技发展规划（2022—2025年）》，要求高质量推进金融数字化转型，健全适应数字经济发展的现代金融体系，为构建新发展格局、实现共同富裕贡献金融力量。在实践中，要把数字元素注入金融服务的全流程，要把数字思维贯穿业务运营的全链条，推动我国金融科技从"立柱架梁"全面迈入"积厚成势"新阶段。

第四节 特许权价值理论

特许权价值这一概念在20世纪80年代被引入美国的银行业，是指银行必须满足政府以及相关部门设立的诸多资格标准才能获得经营权，因此银行业是非常典型的特许经营行业。政府监管机构赋予商业银行的特许经营权后，银行基于这种特许经营权拥有了获取超额利润的资格。这种银行牌照价值被称为"银行特许权价值"。银行特许权价值等于银行从不完全垄断市场、规模经济和声誉等方面获得的未来净收入的现值。项后军和张清俊（2020）研究指出银行业是一个具有高进入门槛的垄断行业，得天独厚的行业优势使银行能够获得可观的超额收益。银行的特许权价值主要体现在两个方面：一方面是市场监管，各国监管机构对银行业的准入制度一般采取核准制，这样就限制了行业内的竞争程度，给予了银行一定的市场垄断地位，使其产生特许权价值；另一方面是银行的自身特征，银行的技术优势、人员优势、创新优势、经营效率等使银行具有一定的垄断地位。

随着金融科技的发展以及数字金融产业的进步，银行面临的竞争越来越大，与市场相关的特许权价值出现贬值。不少学者从银行自身特征对特许权价值的影响进行了研究。李燕平和韩立岩（2008）研究表明，银行经营效率越高，特许权价值越高。曲洪建（2013）将特许权价值作为银行未来盈利能力的反映。它能够助推银行进行风险控制，这也成为提高银行稳健性的有效手段之一。特许权价值会改变银行稳健性。特许权价值下降，银行的超额利润降低，银行稳健性也会随之减弱。银行管理层采取冒险决策带来特许权价值的降低等一系列负面影响会抑制银行管理层的风险行为。琼斯等（Jones et al.，2011）的研究认为宏观因素对特许权价值也具有显著的影响。项后军和张清俊（2020）认为对于中国商业银行来说，存款和贷款是银行主要的负债来源和资产投向。随着利率市场化的持续推进，存贷款利率管制的放松，银行间势必展开激烈竞争，而竞争的主要手段就是提高存款利率和降低贷款利率。这就导致了净息差不断收窄，银行基于利率管制渠道获取的垄断租金对特许权价值的贡献变小。因此，利率市场化的不断深化会通过净息差影响银行的特许权价值。

特许权价值理论认为，银行的冒险动机与其特许权价值是密切相关的，总体来说，银行特许权价值与其承担的风险呈负向关系，即银行的特许权价值越高，则银行采取冒险行为的可能性越低。特许权价值相关的理论研究成果较为丰富。国内外学者对"特许权价值和银行冒险行为之间的关系"进行了深入的研究。研究结论基本一致，即银行特许权价值和风险呈负相关关系。吴秋实（2010）研究探讨了银行特许权价值与银行风险承担之间的关系，特许权价值被简单定义为银行执业许可证价值，特许权价值被认为是银行因获准经营而取得的价值。实质上是银行业的准入壁垒、竞业限制，为银行带来了市场声誉、垄断地位、规模经济和信息优势等。因为执业许可证不可转让，因此银行一旦破产，就丧失了特许权价值带来的利益，所以为了保有特许权价值，银行会倾向于采取较为审慎的经营策略。银行所拥有的特许权价值并不能变现，只能通过持续经营来获得特许权价值带来的超额利润。因而特许权价值的存在会促使银行采取谨慎的经营方式开展业务，避免可能出现的经营风险。而银行稳健的经营方式也进一步增加了银行的特许权价值，形成一种良性循环。因此，特许权价值是稳定金融环境、规避金融风险、促使银行体系平稳运行的有效手段之一。

第五节

金融发展理论

金融发展理论是以金融发展和经济增长之间的关系为核心研究金融（自身）发展规律的经济理论。纵观金融发展理论诞生之初至今，大致经历了"麦金农—爱德华·肖"学派的金融发展理论、内生金融发展理论和新制度金融发展理论三个阶段。

20世纪60年代末至70年代初，西方经济学家对金融与经济发展的关系展开了全面的研究。以雷蒙德·戈德史密斯（Raymond Goldsmith）、约翰格利和罗纳德·麦金农（John·Gurley and Ronald Mckinnon）等为代表的一批经济学家出版了以研究经济发展与金融发展为主要内容的专著，对金融发展理论进行了较为深入的研究。在金融发展理论初期，约翰·格利和爱德华·肖（Edward Shaw）首先研究了金融在经济中的作用，研究发现经济越发展，金融的作用越大，从而揭开了金融发展理论研究的序幕。而且金融发展也不是一直滞后于经济发展，在某些情况下是主动和相对先行的（Patrick，1966）。1969年，耶鲁大学教授雷蒙德·戈德史密斯构建了衡量一国金融结构和金融发展水平的基本指标体系，为之后的金融研究提供了重要的方法论参考和分析基础，这也奠定了金融发展理论的基础。

罗纳德·麦金农和爱德华·肖是当代金融发展理论的奠基人。罗纳德·麦金农是美国斯坦福大学的著名教授。他认为由于发展中国家对金融活动存在一定的限制，对利率和汇率进行了严格的管制。一方面会降低信贷资金的配置效率；另一方面会导致银行储蓄资金进一步下降。而且媒介功能降低、投资减少、经济发展缓慢，进而导致"金融抑制"。爱德华·肖认为，金融体制与经济发展之间存在相互推动和相互制约的关系。一方面，健全的金融体制能够将储蓄资金有效地利用并配置到生产性投资上，从而促进经济的发展；另一方面，发展良好的经济同样也可通过国民收入的提高和经济活动主体对金融服务需求的增长来刺激金融业的发展，形成金融与经济发展相互促进的良性循环。由此，他们提出了金融深化论，认为实行金融体制改革，解除金融压制，能够使金融深化与经济发展形成良性循环。金融深化理论突出强调了金融体制和金融政策在经济发展中的核心地位，为发展中国家制定货币金融政策、推行货币金融改革提供了理论依据。然而，金融深化理论所需考虑的假设条件过于严苛，加之该理论忽视了对于非银行金融中介、债券市场、保险市场等其他金融市场的研究，最终大多数发展中国家所进行的以金融自由化为核心内容的金融改革并没有成功。

20世纪90年代，一些经济学家借助新兴的内生增长理论，将金融中介体和金融市场引入金融发展模型，论证了金融中介和金融市场的存在具有内生合理性，增加了诸如不确定性（流动性冲击、偏好冲击）、不对称信息（逆向选择、道德风险）和监督成本等与完全竞争相悖的影响因素。在比较研究的基础上对金融机构和金融市场的形成以及金融中介体和金融市场如何与经济增长发生相互作用做出规范性的解释。以金和莱文（King and Ievine）为代表的经济学家发现金融中介的规模和功能的发展不仅促进了经济中的资本形成，而且刺激了全要素生产率的增长和长期经济增长，所以金融发展促进了经济的增长。内生金融发展理论所依据的模型与现实情况更为接近，因而内生金融发展理论的政策主张更加符合发展中国家的金融发展状况。另外，该理论还为发展中国家和转型国家提出金融发展的新路径，即金融约束。赫尔曼、穆尔多克和斯蒂格利茨（Hellmann，Murdock and Stiglitz，1997）从不完全信息市场的角度提出"金融约束理论"，重新研究了金融体制中加强政府干预与放松管制的问题。研究认为金融市场是非完全竞争市场，政府的适当干预是十分必要的。通过控制存、贷款利率，限制资本市场的进入以及竞争等一系列的举措为金融部门和生产部门制造租金机会，激励其在配置决策中提供私人信息，在一定程度上缓解信息不对称的问题。然而，内生金融发展理论没有涉及保险市场的功能，因而理论仍有不完善之处。同时，过于强调数学模型模拟分析，针对现实中的问题却难以解释。

1993 年，拉波塔（La Porta）、洛配兹·西拉内斯（Lopezde Silanes）、安德烈·施莱弗（Andrei Shleifer）和罗伯特·维什尼（Robert Vishny）开创了法律金融研究的新领域。在此基础上对金融发展和经济增长之间关系的研究从过去的"结构－绩效"研究过渡到"制度－绩效"研究。金融发展理论得以进一步完善，更多的经济学家开始关注法律、政治、历史、文化和社会习俗等与金融发展、经济增长之间的复杂关系，而这类在法律金融理论基础上扩展的研究成果被称为新制度金融发展理论。制度金融发展理论认为，制度因素是决定交易成本大小、风险管理水平以及信息不对称程度的关键因素。强调法律制度、文化传统、利益集团等制度因素与金融发展的关系。从内容上看，该理论研究法律起源、文化等因素的差异对投资者保护方面的法律、合同实施的效率以及私人产权保护等的影响。制度金融发展理论把影响金融发展的因素扩展到历史、文化、宗教和社会习俗等层面。把制度变量当作内生变量而不是外生变量来处理。由于法律因素是金融生态环境的重要组成要素，制度金融发展理论标志着金融发展理论向金融生态环境研究的开始。然而，法律制度、文化以及政治环境的差异都会导致制度金融发展理论存在一定的局限性。

20 世纪 90 年代全球金融危机频发，传统的金融发展理论解释力度有限，白钦先（1998）首次提出金融资源理论学说，并以此为基础，首次将可持续发展的思想理念创造性地扩展运用到金融领域，提出了金融可持续发展理论与战略，为研究金融发展理论和中国金融发展问题提供了一个有效的研究框架。金融资源作为社会性战略资源的自然属性以及对其他资源具有配置功能的社会属性决定了要实现经济和社会的可持续发展，必须首先实现金融本身的可持续发展。由此，金融资源的永续利用和金融生态环境的保护和维持构成了金融可持续发展的两个根本问题。金融可持续发展理论旨在以充分考虑资源的长期有效利用和金融资源的脆弱性为前提，通过金融效率的提高和降低金融资源的脆弱性来推动金融发展、维护金融生态的良性循环，以此实现金融和经济的可持续发展。

第六节

金融约束理论

20 世纪 90 年代，赫尔曼（Hellmann）、穆多克（Murdock）和斯蒂格利兹（Stiglitz）以金融发展理论为依据，针对部分发展中国家金融抑制和金融自由化效果均不理想的现实情况，提出发展中国家实现金融深化和经济增长的过渡性政策选择理论——金融约束理论。该理论的核心观点认为政府通过对存贷款利率控制、限制市场准入以及限制资产替代等金融政策为私营部门创造租金机会，通过"租金效应"和"激励作用"可以规避潜在的逆向选择行为和道德风险、鼓励创新、维护金融稳定，从而对经济发展起到正向效应。

在此之前，普遍流行的观点是罗纳德·麦金农和爱德华·肖提出的"金融抑制论"，该理论需满足瓦尔拉斯均衡市场条件这一假设前提，但在现实中这种均衡条件难以普遍成立，并且由于经济中存在着信息不对称、代理行为、道德风险等因素，即使在瓦尔拉斯均衡的市场条件下资金资源也难以被有效配置。所以政府的适当干预是十分必要的。与金融抑制理论不同，金融约束理论强调宏观金融环境的稳定，通货膨胀控制在较低的水平且可预测性强。另外，实际利率低于市场利率但必须为正，这要求名义利率处在一个适当的水平（Herman et al.，1998）。该理论突出了对"租金"的解释。"租金"不是指无生产弹性的生产要素的收入，而是指收益中超出竞争市场所能产生的部分超额收益。与企业和个人的"寻租"行为不同，该理论所描述的创造"租金机会"的职责在政府，获得"租金机会"并通过自身努力获得"租金"的权利赋予金融机构（主要是商业银行）和企业部门。租金创造的激励机制在推动金融深化、促进储蓄向投资转化以及维护金融稳定等方面发挥了积极作用。基于金融约束理论，可以解决金融监管中两个关键的问题：一是信息问题，假定银行具有信息方面的优势，在间接金融占据主导的融资体系中银行可以通过经办企业的结算账户、提供流动资金贷款、在企业董事会中占据重要席位等途径获得企业内部信息；二是激励问题，金融约束理论认为，在对银行进行严格监管的同时，银行接受监管的动力就必须通过控制存款利率、限制银行业竞争、抑制证券市场发展等金融约束政策，这样才能为银行提供租金激励。金融约束理论假定政府是完全理性的。而实际情况中，由于政府行为非理性，金融约束行为会因为时空条件的变化而存在转向金融抑制的可能。最终导致既没有解决信息问题也没有解决激励问题存在的可能性增加，反而容易引发银行和企业的道德风险和逆向选择。由于金融约束论的理论假设过于严格，使理论本身具有一定的局限性。然而，不可否认的是政府通过实施一系列金融约束政策确实可以在一定程度上促进金融业更快地发展，从而推动经济快速增长。在经济落后、金融深化程度低的国家，金融约束理论对政府适度干预金融业的行为做出了正面的肯定，是适合发展中国家实际情况的金融深化理论。

第四章
数字金融对商业银行风险承担的影响研究

随着大数据、金融科技的快速发展，金融行业尤其是商业银行的体系结构也发生了巨大的变化，出现了各种形式的互联网理财产品、信用贷款以及有价证券等数字金融产品。数字金融的发展不但满足了市场对快捷服务的需求，而且降低了交易成本、简化了交易流程、促进了商业银行效率的提升。大数据的广泛采集和应用，降低了商业银行和信贷客户之间的信息不对称程度。在金融科技与传统金融行业深度融合的背景下，数字金融成为当前我国金融行业发展历程中重要的里程碑。数字金融的出现一方面改善了金融行业的服务质量，另一方面也对传统金融行业的生态环境造成了一定的冲击。其中，商业银行作为金融行业的中流砥柱，在金融科技大力应用和发展改善我国商业银行服务质量和效率的同时，也面临着严峻的挑战。2017年《政府工作报告》提出"鼓励大中型商业银行设立普惠金融事业部，国有大型银行要率先做到，实行差别化考核评价办法和支持政策，有效缓解中小微企业融资难、融资贵问题"。同时，党的十九大报告提出"健全金融监管体系，守住不发生系统性金融风险的底线"。2018 年 4 月中央财经委员会第一次会议强调"防范化解金融风险，事关国家安全、发展全局、人民财产安全，是实现高质量发展必须跨越的重大关口"。这说明在金融创新的背景下，一方面需要利用金融创新弥补金融服务短板，增加有效金融供给，促进金融业可持续均衡发展；另一方面金融创新过程中商业银行的风险识别和监管也尤为重要。随着数字金融对传统金融市场重塑力度越来越大，虽然数字金融提高了金融服务业的效率，但是伴随而来的是金融风险的增加和银行业竞争的加剧。金融行业的风险引起了广泛的重视和关注，而当前金融行业的稳定是资本市场稳定的重要保障和基础。这说明在金融创新的背景下，研究金融创新载体对传统商业银行风险承担水平的影响具有重要的理论和实践意义。

本章以我国商业银行 2011～2018 年的数据为研究样本，推理并实证检验了数字金融对商业银行风险承担水平的影响。在进一步研究中，首先，对数字金融影响商业银行风险承担水平的作用机制进行了分析和验证；其次，考察了商业银行异质性视角下，数字金融对商业银行风险承担水平影响的差异。具体地，本章研究发现：（1）数字金融发展水平越高，商业银行风险承担水平也越高；（2）数字金融发展较高带来的商业银行存款结构的恶化和付息成本的提高是数字金融影响商业银行风险承担水平的重要作用渠道；（3）在东部地区、非国有以及小规模的商业银行中数字金融对商业银行风险承担水平的影响效应更大。

本章的研究可能的贡献主要有：（1）拓展了数字金融经济后果的相关研究。数字金融是近几年重要的研究话题，本章的研究为后续深入研究数字金融经济后果奠定了一定的基础。（2）丰富了银行风险承担影响因素的相关理论研究。本章将商业银行风险承担水平影响因素拓展到了宏观层面，有助于全面理解商业银行风险承担的影响因素。（3）探讨并验证了数字金融发展水平影响商业银行风险承担水平的作用机制及治理机制，有利于深入理解数字金融影响商业银行风险承担水平的内在机理以及治理机制。（4）为我国金融监管部门制定数字金融发展和监管政策提供一定的经验验证和理论依据。

第一节

文献综述

对数字金融现有文献进行梳理后发现，目前的研究主要围绕以下几个方面展开。首先是研究数字金融自身的发展、演变以及趋势等。如谢平和邹传伟（2012）探讨了数字金融的发展模式，李博和董亮（2013）研究了数字金融的服务模式，邱泽奇等（2016）对数字金融的发展特征进行了深入的研究，吴晓求（2015）从数字金融的运行结构、风险特点、监管标准等角度出发，探讨数字金融的生存逻辑、理论结构及监管准则等。其次是将研究视角聚焦于数字金融的经济后果研究。主要从以下几个层面展开：第一，研究数字金融对传统金融业（沈悦和郭品，2015）、经济增长（Bauer，2018）、城乡收入分配（战明华等，2018）、上市公司融资约束以及创新（张思成等，2018）等的影响；第二，基于微观层面研究数字金融对小微企业、居民创业、家庭金融需求、家庭消费等（王馨，2015；易行健和周利，2018；傅秋子和黄益平，2018；谢绚丽等，2018）的影响；第三，研究数字金融与传统金融之间的关系。如帕（Pan，2017）等认为支付是金融的基础，移动支付通过互联网保险、互联网消费金融等互联网金融行业的发展，最终促进普惠金融的发展。宋晓玲和侯金辰（2017）发现金融机构依托互联网、移动设施等现代化工具，在服务方式、服务渠道上寻求创新，将降低金融服务成本。最后，数字金融的风险随着其发展也逐步地暴露出来，所以我国监管部门和不少学者开始研究数字金融监管的影响因素并提出相关的监管政策和建议。现有文献在肯定数字金融对金融体系具有正向促进作用的同时，其风险性也引起了学者广泛的关注和重视。如李克穆（2016）从数字金融发展过程中的风险进行了分析和探讨。从已有研究可以看出，数字金融对商业银行的影响是多方面，促进商业银行发展的同时，也影响了商业银行的风险水平和风险承担意愿。

第二节　理论分析与假设提出

数字金融对商业银行风险的研究，从研究方法上来看，在早期主要是以理论分析和数据统计为主，而后逐步开始进行大样本数据的实证验证。从研究内容上来看，数字金融的发展一方面影响商业银行个体的行为和风险，主要表现在影响银行的利润（戴国强等，2014）、商业银行资产风险水平（沈珊珊等，2019）、商业银行的全要素生产率（董倩，2018）；另一方面影响商业银行行业的整体行为和风险，主要有促进商业银行的转型（姜增明等，2019）、加剧银行业的竞争、提高了商业银行的风险管理水平（邱晗等，2018）。商业银行经营的外部环境日益复杂，一旦宏观经济环境发生剧变，风险很容易从单家银行传导至其他金融主体，进而也会影响我国实体经济以及资本市场的稳定。所以，2008年全球金融危机爆发后，在学术界对银行风险承担水平的研究广泛兴起。不少学者从理论基础、指标衡量以及银行风险承担水平的影响因素等多方面进行了较为全面的研究。从银行外部来说，国家的宏观经济发展水平、货币政策以及银行业竞争度等是影响银行风险承担的重要因素。就银行内部而言，其资产负债水平、资产规模、流动资产水平等会显著影响到银行的风险承担水平（Dell Ariccia et al.，2017；邓向荣和张嘉明，2018）。不少研究认为影响商业银行风险承担水平的主要机制是信息不对称（Adrian and Shin，2010）。

由于银行业进入壁垒较高，所以我国银行市场结构较为集中（范红忠和章合杰，2019）。长期以来，我国金融行业存在投资产品单一、投资渠道少以及资产配置效率低下等众多问题。所以，亟须从多方面优化银行市场结构、拓展银行竞争的广度和深度。数字金融的出现，为银行业注入了新的活力。数字金融不但丰富了投资工具、扩展了投资渠道，而且提高了金融业的包容性、普惠性（Allen et al.，2002）。有学者研究指出数字金融属于"金融创新"。熊彼特于1912年在其成名作《经济发展理论》中对创新所下的定义是"创新是指新的生产函数的建立，也就是企业家对企业要素实行新的组合"。所以变革现有的金融体制和增加新的金融工具，以获取现有的金融体制和金融工具所无法取得的潜在利润的行为都属于金融创新，它是一个盈利动机推动的、缓慢进行的、持续不断的发展过程。很明显数字金融属于金融创新的范畴。而基于金融创新理论的观点，数字金融能够为金融行业带来原来传统业务模式下无法创造的潜在利润。也有学者提出数字金融属于"监管套利"（郑联盛，2014）。监管套利是指金融机构通过违反监管指标要求获取利润的行为。在"监管套利"理论下，数字金融带来了显著的监管风险。根据以上两种理论对数字金融的阐释，数字金融对银行业的影响具有两面性。一方面，数字金融促进了银行业市场的发展，拓宽了银行市场的广度、深化了银行市场深度，实现了跨越时空的金融交易。而且数字金融能够提升金融机构供给有效货币的能力。货币需求更易满足，货币政策的作用得到了更好的发挥。数字金融还可以有效地缓解金融资产价格的波动，降低金融震荡的不利后果，稳定金融体系。另一方面，金融创新对金融行业的稳定也具有一定的威胁，主要是因为金融创新会放大金融风险以及传染金融风险，金融机构和金融体系内部存在极其复杂的关联性。金融创新可能会危及整个金融体系的稳定性，引发系统性风险。且目前我国相应的监管政策还有待进一步的建立和改善。综上所述，数字金融是理性和非理性的结合体，其两面性也会对金融业造成不同的影响。

数字金融作为金融创新的重要形式，给金融行业带来潜在经济利益的同时，也会对银行风险承担水平具有一定的影响。具体地，从业务竞争的角度来说，数字金融和商业银行在很多领域存在直接或者间接的竞争关系。如在负债业务领域两者存在直接竞争，而在资产业务领域又存在间接竞争关系，在金融业务的其他领域也存在着竞争关系。在竞争加剧的情况下，商业银行就具有提高风险偏好的倾向（王静，2015）。从价格传递的角度来看，金融创新会通过不同的影响渠道提高银行的风险承担水平，而且数字金融会放大银行机构间的风险传染效应。数字金融使金融服务向数字化、智能化的方向发展，数据信息和商业银行业务之间的联系更加紧密，银行的业务流程对网络系统的依赖性更强。任一个网络节点出现漏洞或者受到攻击，都会导致链条风险传导效应。银行经营模式以及业务算法趋同也会导致风险传染更快速。金融顺周期性表现得更加明显。在这样的业务模式下极易形成金融行业的系统性风险。同时，传统监管模式跟不上数字技术带来的金融创新，形成监管空白，变相加剧银行风险（刘孟飞等，2021）。基于以上分析，提出本章对立假设 H4－1A 和 H4－1B：

H4－1A：数字金融水平越高，商业银行的风险承担水平越高；

H4－1B：数字金融水平越高，商业银行的风险承担水平越低。

第三节　研究设计

一、样本来源及选择

本章所用数据中商业银行的相关数据主要来源于 Orbis Bank Focus 数据库、国泰安（CSMAR）数据库、国家统计局、《中国银行业监督管理委员会年报》和《中国金融统计年鉴》。数字金融相关的数据主要来源于北京大学数字金融研究中心。主要选取了2011～2018年商业银行的相关数据，剔除数据缺失样本。为了避免极值对结论的影响，对连续变量进行1%的缩尾处理。相关数据处理和回归分析均在Stata16.0软件中完成。

二、模型构建

借鉴马达洛尼和佩德罗（Maddaloni and Peydro，2011）以及金鹏辉等（2014）的研究成果，构造模型（4.1），用于验证本章假设H4–1A和H4–1B。

$$RISK = \beta_0 + \beta_1 lnDIFI + \beta_2 Size + \beta_3 ROA + \beta_4 LERNER + \beta_5 CR_4$$
$$+ \beta_6 GDPG + \beta_7 INF + \beta_8 M_2 + \sum Year + \sum ID + \varepsilon \quad (4.1)$$

其中lnDIFI代表数字金融发展水平，RISK代表商业银行风险承担水平。具体计算见关键变量衡量部分。

三、关键变量衡量

（一）数字金融发展水平的衡量

数字金融发展水平采用北京大学数字金融研究中心发布的北京大学数字金融指数，其数据主要来源于蚂蚁金服这一代表性数字金融企业，具有一定的代表性和可靠性。该指标不但考虑了数字金融服务的广度和深度、兼顾了数字金融服务的纵向和横向可比性，而且体现了数字金融服务的多层次性和多元化。在数字金融指标体系中，除了计算了数字金融总指数（Index_aggregate）外，还包含由覆盖广度（Coverage）、使用深度（Usage）和数字化程度（Digit）组成的分维度指标，分别用于衡量数字金融的覆盖人群程度、地区使用数字金融的频率和数字金融的便利性和成本。

该数据包括中国 31 个省（自治区、直辖市）（以下简称"省份"不包括香港、澳门和台湾地区）、337 个地级以上城市（地区、自治州、盟等）（以下简称"城市"）以及约 2800 个县（县级市、旗、市辖区等）（以下简称"县域"）三个层级的数字普惠金融指数。其中，省级和城市级指数时间跨度为 2011～2018 年，县域指数时间跨度为 2014～2018 年。在总指数基础上，该指标还包含了数字金融覆盖广度指数、数字金融使用深度指数和数字金融数字化程度指数以及数字金融使用深度指数下属的支付、保险、货币基金、信用服务、投资、信贷等分类指数。可以看出该指标体系具有一定的综合性，能够较为全面的代表一个地区的数字金融发展和应用水平。

（二）银行风险承担水平的衡量

参考现有文献的成果，本章选取调整 Z 值（Rize-Z），即资产回报率的标准差（用 3 年滚动窗口计算）除以资产回报率与资本资产比率之和作为银行风险承担的基准代理变量。为保证研究的稳健性，用负的贷款损失准备率（Risk-R）和风险资产率（Risk-NL）作为辅助代理变量进行稳健性检验。

（三）其他控制变量

借鉴郭品和沈悦（2019）的研究成果，本书从银行个体层面、行业层面以及宏观层面选择了控制变量。银行层面主要有银行的规模（Size）、资产收益率（ROA）、市场竞争指数（LERNER）。行业层面主要是行业集中度（CR4）。宏观层面主要有国内生产总值增长率（GDPG）、通货膨胀（INF）、广义货币供应量增速（M2）。并控制了年份固定效应和个体固定效应，使得实证检验更稳健。

实证分析与结果描述

一、主要变量含义及描述性统计

由表4－1中可以看出，我国商业银行风险承担水平平均值为3.5760，最大值与最小值差异较大，且该指标的标准差也较大。这说明我国商业银行风险承担水平较高且波动较大，所以商业银行风险承担水平有待进一步地控制和优化。我国不同城市的数字金融发展水平最大值为5.7137、最小值为2.4248，标准差为2.1271，可以看出我国不同城市之间的数字金融发展水平程度具有较大的差异。从资产规模、资产收益率指标的数据来看，我国商业银行在资产规模和收益水平上也有较大的差异。与我国非金融上市公司相比，从资产规模上来说商业银行平均规模更大。从资产收益率的角度来看，商业银行整体平均收益水平也高于我国非金融的上市企业。

表4－1　　　　　　　　　　主要变量描述性统计

变量描述	变量计算	变量符号	均值	标准差	最小值	最大值
银行风险承担水平	银行 Z 值倒数×100	Rize-Z	3.5760	1.8615	−2.6191	24.6424
数字金融发展水平	北京大学数字金融指数	lnDIFI	5.0261	2.1271	2.4248	5.7137
银行资产规模	银行资产规模取对数	Size	24.0301	1.7426	20.8421	30.8923
资产收益率	净利润/平均资产总额×100%	Roa	0.9207	0.2435	0.0432	3.2459
市场竞争指数	勒纳指数	LERN	−1.2715	27.3671	−7.4311	0.7089
银行集中度	前4大银行资产占比增速×100	CR4	−1.6916	0.8162	−2.1292	−0.3670

続表

变量描述	变量计算	变量符号	均值	标准差	最小值	最大值
国内生产总值增长率	名义国内生产总值增速×100	GDPG	9.5913	5.0966	7.000	20.866
通货膨胀	环比消费者物价指数	INF	2.6138	1.7809	-1.8446	3.7432
广义货币供应量增速	M2同比增长率×100	M2	10.4147	3.9920	6.9923	17.4235

二、多元线性回归及分析

为了验证数字金融发展水平对商业银行风险承担水平的具体影响效应，将模型中的各变量代入模型（4.1）中，多元回归结果如表4-2所示。

表4-2　　　　数字金融对商业银行风险承担水平影响的多元回归

变量	Rize-Z
lnDIFI	0.7688 *** (3.4139)
Size	0.016 *** (7.8216)
Roa	0.0243 *** (3.0018)
LERNER	0.0213 (1.0216)
CR4	-0.1613 *** (-7.9247)
GDPG	0.1177 *** (3.0615)
INF	0.8854 (1.0743)

变量	Rize-Z
M2	0.0328 ***
	(2.9934)
常数项	−2.6729 ***
	(−2.8367)
年度个体	已控制
R^2	0.2398
样本量	1033

注：（1）＊＊＊、＊＊、＊分别表示在 1%、5%、10% 水平上显著；（2）括号内为 t 值；（3）年度、个体变量已控制，结果未列示。

表 4－2 中列示了数字金融发展水平对商业银行风险承担水平影响的多元回归结果。可以看出解释变量商业银行风险承担水平（Rize-Z）与数字金融发展水平（lnDIFI）在 1% 的水平上显著为正。回归结果说明在控制了其他因素的影响后，数字金融发展水平越高，商业银行风险承担水平也越高。实证结果证明了本章假设 H4－1A。可能的原因是：在数字金融发展水平较高的城市，数字金融会从不同的角度对商业银行的风险承担水平产生影响。一方面，从业务的角度来说，数字金融会对商业银行的业务产生冲击，导致商业银行为了发展和生存不得不进入风险较高的领域，这会显著地提高商业银行的风险承担水平。另一方面，数字金融的广泛发展和应用会从不同的渠道影响商业银行的价格体系，尤其是在非系统重要性银行中数字金融对其风险承担水平的反应更加突出。虽然数字金融在一定程度上促进了银行市场的发展，提高了商业银行的服务广度、质量和效率，但是从表 4－2 的实证结果可以看出，数字金融的发展最终提高了商业银行的风险承担水平。

三、稳健性检验

为了保证本章研究结论的稳健性，在模型建立阶段对模型中变量的共线性问题进行了测试，模型的变量之间不存在严重的共线性问题。在多元回归阶段，对模型中变量的方差膨胀因子进行了检测，多元回归变量的平均膨胀系数均在 2 左右。这说明文中的变量选取较为合理。同时在多元回归阶段，对模型中的连续变量进行去中心化处理。减少由于数据本身带来的变量之间的多重共线性，且在交乘检验时可以使结论的解释更加合理。除进行了上述的检验和处理外，还进行了以下的稳健性检验。

（一）改变银行风险承担水平指标的衡量

根据现有研究成果，银行风险承担水平指标的衡量有多种方法。前文选取的调整 Z 值（Rize-Z）作为银行风险承担的代理变量。为保证研究结论的稳健性，进一步以负的贷款损失准备率（Risk-R）和风险资产率（Risk-NL）作为辅助代理变量进行稳健性检验，结果见表 4 – 3。从表 4 – 3 可以看出数字金融发展水平对银行风险承担水平的影响依然稳健。

表 4 – 3   稳健性检验 1

变量	(1) Risk-R	(2) Risk-NL
lnDIFI	0.5679 *** (2.9653)	0.0216 *** (4.8953)
Size	0.0021 *** (5.0931)	0.0024 *** (4.2753)
Roa	0.0152 ** (1.9984)	0.0086 *** (5.9236)
LERNER	0.9031 (1.4590)	0.0031 * (1.7216)
CR4	– 0.0437 ** (– 2.0945)	– 0.0156 *** (– 3.7542)
GDPG	0.0874 *** (4.8420)	0.1631 *** (7.9526)

变量	(1)	(2)
	Risk-R	Risk-NL
INF	0.9086 (0.7963)	0.9631 (1.5319)
M2	0.0865 *** (7.8026)	0.0532 ** (2.0704)
常数项	0.2464 (0.8173)	-1.3028 (-0.4365)
年度个体	已控制	已控制
R²	0.1689	0.2156
样本量	1033	1033

注：（1）***、**、* 分别表示在1%、5%、10%水平上显著；（2）括号内为 t 值；（3）年度、个体变量已控制，结果未列示。

（二）内生性检验

数字金融发展水平与传统金融以及经济发展水平都密切相关，而银行的风险承担水平也会随着传统金融的发展以及经济发展水平的变化而变化。为了避免由于数字金融和银行风险承担同时受到相同因素的影响，参考邱晗等（2018）的研究方法，用互联网普及率（INT）作为数字金融发展水平的工具变量进行多元回归，回归结果见表4-4。由表4-4可以看出前面的研究结论依然稳健。

表4-4　　　　　　　　稳健性检验2

变量	(1)	(2)
	lnDIFI	Risk-Z
INT	0.2891 *** (3.6781)	1.8523 *** (4.9673)
Size		0.0741 ** (2.1789)

变量	(1)	(2)
	lnDIFI	Risk-Z
Roa		0.0975 * (1.7097)
LERNER		0.8754 (0.0985)
CR4		− 0.0098 *** (− 6.9961)
GDPG		0.0864 *** (3.0963)
INF		0.2157 * (1.8031)
M2		0.2146 ** (2.1052)
常数项		0.8415 *** (3.2457)
年度个体		已控制
R^2		0.0931
样本量		764

注：（1）***、**、*分别表示在1%、5%、10%水平上显著；（2）括号内为t值；（3）年度、个体变量已控制，结果未列示。

第五节

进一步的研究

一、数字金融对商业银行风险承担水平影响的作用机制检验

数字金融的发展水平会显著地影响商业银行的风险承担水平，分析

数字金融发展影响商业银行风险承担水平的作用机制具有重要的实践意义。根据前面的分析，当商业银行所在地区数字金融发展水平较高时，会对商业银行产生三个层面的影响。

首先，数字金融可以有效地缓解金融资产价格的波动，降低金融震荡的不利后果，稳定金融体系，从而降低商业银行的风险承担水平。而通过前面的实证检验可知，数字金融发展水平越高，商业银行的风险承担水平越高，所以该路径不是数字金融影响商业银行风险承担水平的主要作用机制。

其次，数字金融会影响商业银行的存款结构。第一，数字金融改变了传统金融的交易形式，打破了传统金融投资对物理网点的依赖，金融投资的大部分流程从线下转到了线上，可以随时通过线上交易平台进行投资。投资的便利性得到了极大的提升，而且降低了交易成本，提高了投资效率。数字金融以大数据为基础，可以更加智能化地为用户匹配投资产品，优化了金融市场供给的结构，提升了金融供需市场匹配度。不少原来属于商业银行的客户改变了投资渠道和策略，会导致商业银行活期存款的减少。第二，数字金融的发展，不但可以降低投资理财的成本、提供更便捷的投资渠道和更匹配的投资产品，而且可以改善客户的信息环境，提升投资理财的信息交流、互动频率，将金融理财产品渗透到客户的各个方面，提升客户参与的意愿和对金融理财的认可程度。而商业银行通常提供的定期存款产品具有较多的限制，小客户和小微企业并不能得到较为周到的服务。数字金融的普惠性能够为"长尾"客户提供更为匹配的服务，所以数字金融会对商业银行的定期存款产生一定的影响。数字金融发展水平较高时，便捷的数字金融服务会吸收较多的客户资金，导致商业银行的存款结构发生变化，由原来直接吸收客户存款变为吸收更多的同业存款，导致商业银行的风险承担水平的提升。

最后，当数字金融发展水平较高时，商业银行的存款以同业存款为主，同业存款资金期限较短、成本较高，而且容易撤离，商业银行的付息成本增加，同时风险也会较高（Allen et al.，2011）。综上所述，数字金融会通过三条路径影响商业银行风险承担水平。根据推理，第一种路径对商业银行风险承担水平具有正向的影响，而后两种路径会导致数字金融对商业银行风险承担具有负向的影响。根据本章多元回归部分所得到的结果，后两种路径可能是导致数字金融对商业银行风险承担具有负向影响的主要作用机制。所以，从两个方面验证数字金融对商业银行风险承担水平影响的作用机制：一是数字金融是否通过影响商业银行的存款结构影响商业银行的风险承担水平；二是数字金融是否是通过影响商业银行的付息成本影响商业银行的风险承担水平。

构建模型（4.2）和模型（4.4）检验数字金融发展水平、商业银行存款结构（CD）、商业银行风险承担水平之间的关系。同样地，构建模型（4.3）、模型（4.4）检验数字金融发展水平、商业银行付息成本（AIE）、商业银行风险承担水平之间的关系。数字金融对商业银行风险承担水平影响的作用机制检验的多元回归结果列示在表 4 – 5 中。

$$
\begin{aligned}
CD = {} & \beta_0 + \beta_1 \ln DIFI + \beta_2 Size + \beta_3 ROA + \beta_4 LERNER + \beta_5 CR_4 \\
& + \beta_6 GDPG + \beta_7 INF + \beta_8 M_2 + \beta_9 LNP + \sum Year \\
& + \sum ID + \varepsilon \quad\quad\quad (4.2)
\end{aligned}
$$

$$
\begin{aligned}
AIE = {} & \beta_0 + \beta_1 \ln DIFI + \beta_2 Size + \beta_3 ROA + \beta_4 LERNER + \beta_5 CR_4 \\
& + \beta_6 GDPG + \beta_7 INF + \beta_8 M_2 + \beta_9 OVER + \sum Year \\
& + \sum ID + \varepsilon \quad\quad\quad (4.3)
\end{aligned}
$$

$$
\begin{aligned}
RISK = {} & \beta_0 + \beta_1 \ln DIFI + \alpha_1 CD + \alpha_2 AIE + \beta_2 Size + \beta_3 ROA \\
& + \beta_4 LERNER + \beta_5 CR_4 + \beta_6 GDPG + \beta_7 INF + \beta_8 M_2 \\
& + \sum Year + \sum ID + \varepsilon \quad\quad\quad (4.4)
\end{aligned}
$$

表 4 – 5　　　　　　数字金融影响商业银行风险承担水平的作用机制检验

变量	(1)	(2)	(3)
	CD	AIE	RISK
lnDIFI	– 5. 2354 ***	0. 9578 ***	0. 7232 **
	(– 2. 9430)	(3. 9531)	(2. 0145)
CD			– 0. 2746 ***
			(– 2. 7752)
AIE			0. 0532 ***
			(2. 4718)
Size	0. 0753	– 0. 0059 *	0. 0017 ***
	(1. 0931)	(– 1. 7785)	(3. 4531)
ROA	0. 0654 *	– 0. 0486 **	– 0. 0629 ***
	(1. 7274)	(– 2. 0955)	(– 3. 9514)
LERNER	1. 0742 ***	0. 2851 **	0. 0026 *
	(2. 7631)	(2. 2015)	(1. 8013)
CR$_4$	0. 9731 *	0. 0973	– 0. 0039 ***
	(1. 9401)	(1. 4391)	(– 2. 9721)
GDPG	0. 0864	– 0. 0641 *	0. 0532 ***
	(0. 6672)	(– 1. 7452)	(4. 0543)
INF	0. 7543	0. 2343	0. 8346
	(1. 6218)	(1. 4768)	(1. 0463)
M$_2$	0. 0865 *	– 0. 0931 *	0. 0854 **
	(1. 8644)	(– 1. 7762)	(2. 0164)
LNP	2. 0454 ***		
	(3. 9553)		
OVER		0. 0095 ***	
		(4. 9642)	
常数项	0. 9662 *	1. 3028	0. 8467 ***
	(1. 8173)	(0. 5462)	(3. 4365)
年度个体	已控制	已控制	已控制
R^2	0. 0964	0. 1023	0. 1096
样本量	963	963	963

注：（1）***、**、* 分别表示在 1%、5%、10% 水平上显著；（2）括号内为 t 值；
（3）年度、个体变量已控制，结果未列示。

表4-5中第（1）列是数字金融对商业银行存款结构的多元回归结果。在控制了其他因素的影响后，数字金融发展水平对商业银行存款结构的回归系数在1%的水平显著为负。这说明数字金融发展水平较高时，会恶化商业银行的贷款结构。第（2）列是数字金融对商业银行付息成本的多元回归结果。在控制了其他影响因素的作用后，数字金融发展水平对商业银行付息成本的回归系数在1%的水平上显著为正。回归结果表明数字金融发展水平越高，商业银行的付息成本越高。第（3）列是商业银行存款结构和付息成本对商业银行风险承担水平影响的多元回归结果。在控制了其他影响因素的影响后，商业银行的风险承担水平与其存款结构、付息成本均在1%的水平上显著。索贝尔（Sobel，1982）中介效应检验显著通过。即数字金融发展水平会通过影响商业银行的存款结构和付息成本影响商业银行的风险承担水平。在模型（4.5）中数字金融发展水平对商业银行风险承担水平依然显著，这说明商业银行的存款结构和付息成本是数字金融发展水平影响商业银行风险承担水平的部分中介作用机制。

二、数字金融对商业银行影响的治理机制研究

（一）基于区域特征的调节作用

从我国地理空间来看，我国地域辽阔、区域经济发展水平并不均衡。我国银行业在各个区域的布局也具有显著的差异。在东部地区，银行体系布局更为完善、市场结构更为合理。相对来说，中西部地区经济发展水平还有待提高，银行密集度较低。东部地区大型的商业银行较多。相反，中西部地区，中小银行占据的比重更大。所以东部和中西部地区商业银行存在显著的区域差异，商业银行在面临风险时的承担能力也将具有显著的不同。在金融科技广泛影响各个行业时，其对东部、中西部地区商业银行的影响也具有一定的差异。我国东部地区市场化程度

较高、科技要素流动及应用、转化程度更高。所以，中国的金融科技发展也存在显著的区域空间集聚的特点（孟娜娜等，2020），东部地区数字金融发展水平较高，商业银行面对市场环境的变化反应更加迅速（郭峰等，2017）。相反，我国中西部区域银行的类型决定了中西部商业银行存在显著的传统路径依赖，金融创新进程相对较慢，所以数字金融带来的风险挑战弱于东部地区银行（盛天翔，2020）。为了检验数字金融的这一效应，将样本中的商业银行按照所在区域进行划分，设置虚拟变量 Area，当样本中的商业银行所在区域为东部地区时，取值为 1，否则取值为 0。具体的回归方程如模型（4.5）所示。多元回归结果如表 4 - 6 所示。由表 4 - 6 的回归结果可以看出，数字金融发展水平对东部地区商业银行的风险承担水平影响作用更大。

$$
\begin{aligned}
RISK = {} & \beta_0 + \alpha_1 lnDIFI \times Area + \alpha_2 Area + \beta_1 lnDIFI + \beta_2 Size \\
& + \beta_3 ROA + \beta_4 LERNER + \beta_5 CR_4 + \beta_6 GDPG + \beta_7 INF \\
& + \beta_8 M_2 + \sum Year + \sum ID + \varepsilon
\end{aligned}
\tag{4.5}
$$

表 4 - 6   基于区域特征的数字金融影响商业银行风险
承担水平的异质性检验

变量	RISK
lnDIFI × Area	0. 2913 ** (2. 0591)
Area	- 0. 4932 *** (- 3. 4591)
lnDIFI	0. 6482 *** (3. 1494)
控制变量	已控制
常数项	- 1. 5973 *** (- 4. 6933)

变量	RISK
年度个体	已控制
R^2	0.2256
样本量	1033

注：(1) ***、**、* 分别表示在 1%、5%、10% 水平上显著；(2) 括号内为 t 值；(3) 控制变量、年度、个体变量已控制，结果未列示。

（二）基于商业银行产权性和规模特征的调节作用

我国商业银行经历了多年改革以后，目前大型国有商业银行、股份制商业银行和城市商业银行三种商业银行形式并存，为我国经济发展的不同领域提供了经济支撑，而从银行自身的特质来讲，这三种商业银行又存在较大的差异。首先，从产权性质上来讲，可以分为国有商业银行和非国有商业银行。国有商业银行和非国有商业银行在风险承担水平方面具有显著的差异。其次，我国商业银行的规模也差别较大，从前面的描述性统计部分可以看出，商业银行的资产规模取对数后，最大值是最小值的 1.5 倍，商业银行的资产规模是影响商业银行风险承担水平的重要因素。商业银行的规模越大，受到政府隐性保护的可能性就越大，在风险把控上略微松懈，即"大而不倒"理论。但另一种观点认为商业银行的规模越大，受到的金融监管就越严格，处理问题会更加谨慎，使得风险承担减少。所以，借鉴王晋斌和李博（2017）的研究方法，将商业银行按照上述的不同特质进行分组检验。设置虚拟变量 Soe，当商业银行为国有商业银行时取值为 1，否则为 0。同样地，设置虚拟变量 Size，当商业银行规模大于中位数时取值为 1，否则为 0。模型构建同模型（4.5）。多元回归结果列示在表 4-7 中。从表 4-7 中可以看出，数字金融对国有商业银行的风险承担水平的影响较小，而对股份制银行和城市商业银行的风险承担水平影响较大。同样，在规模较小的商业银行中，数字金融发展水平对商业银行风险承担水平的影响较大。这一结果表明，与国有、大规模商业银行相比，数字金融发展水平对商业银行风险承担水平的影响在非国有、小规模的商业银行中更加显著。

表 4 - 7   数字金融影响商业银行风险承担水平的异质性检验

变量	(1)	(2)
	RISK	RISK
lnDIFI × Soe	− 0. 1942 ** (− 2. 1931)	
Soe	− 0. 0394 * (− 1. 8362)	
lnDIFI × Size		− 0. 0945 *** (− 3. 2803)
Size		− 0. 1937 *** (− 2. 8362)
lnDIFI	0. 3521 *** (7. 2703)	0. 8391 *** (4. 1094)
控制变量	已控制	已控制
常数项	2. 1947 *** (8. 1039)	− 2. 3019 *** (− 4. 9024)
年度个体	已控制	已控制
R^2	0. 2256	0. 1863
样本量	1033	1033

注：（1）***、**、* 分别表示在 1%、5%、10% 水平上显著；（2）括号内为 t 值；（3）控制变量、年度、个体变量已控制，结果未列示。

第六节

本章小结

本章主要分析了数字金融发展水平对商业银行风险承担水平的影响。研究发现，数字金融发展水平越高，商业银行的风险承担水平就越高。在进一步研究中，对数字金融影响商业银行风险承担水平的作用机制进行了检验，研究发现数字金融可以通过影响商业银行的存款结构以及付息成本影响商业银行的风险承担水平。进一步研究中还从银行异质性的角度研究了数字金融发展对商业银行风险承担水平影响因素结果的差异。研究发现，与中西部的商业银行相比，东部地区商业银行风险承担水平受数字金融发展水平的影响更大。与国有商业银行相比，数字金融对非国有商业银行风险承担水平的影响更大。最后，数字金融对商业银行风险承担水平的影响作用，在规模较小的商业银行中更加显著。

数字金融发展水平越高，商业银行的风险承担水平也会越高。研究结果揭示了：数字金融的发展在一定程度上促进了银行业的发展，提升了商业银行的服务质量和效率以及金融机构供给有效货币的能力，并且在一定程度上还有缓解金融资产价格波动、降低金融震荡不利后果、稳定金融体系的作用。但是数字金融的发展却提升了商业银行的风险承担水平，体现了数字金融的两面性。所以在积极推动数字金融发展和应用的同时，应该注重防范数字金融带来的商业银行风险承担水平的增加。通过对数字金融影响商业银行风险承担水平作用机制的研究发现，数字金融发展带来的存款结构的改变以及付息成本的变化是数字金融影响商业银行风险承担的作用机制。这说明，数字金融发展水平较高的地区，商业银行的存款结构会恶化且承担着更高的付息成本，从而影响商业银行的风险承担水平。

我国东部地区银行更加集中且一般为规模较大的商业银行，科技与金融融合的步伐更快，数字金融也得到了更加广泛的应用。数字金融发展水平对东部地区商业银行风险承担水平的影响更大。商业银行的产权性质不同，在我国金融体系中发挥的作用也不同。国有商业银行既担任着社会资金信用中介的职能，还在国家经济宏观调控中发挥着重要作用，所以在面对数字金融带来的冲击时，国有商业银行风险承担水平受到的影响较小。商业银行的规模对商业银行的风险承担水平具有两面性，本章实证检验的结果表明，商业银行的规模较大时，数字金融发展水平对商业银行的风险承担水平影响较小。可能的原因是，较大规模的商业银行受到更为严格的金融监管，风险承担水平也会较低。本章的研究和结论对我国商业银行、金融监管部门都具有重要的实践性指导作用：（1）有助于商业银行更全面地理解和把握数字金融发展给商业银行风险带来的影响，积极推动数字金融应用的同时，注重防范和化解新的风险；（2）有助于金融监管部门根据我国数字金融影响商业银行风险承担水平的传递机制，进一步规范我国数字金融的相关政策和法规，并加强监管力度。

第五章
数字金融对商业银行稳健性
影响研究

　　数字金融作为数字技术在金融领域的应用，迅速地在金融行业占领了一席之地，成为金融行业近年来发展的重点方向。艾瑞咨询显示，2020年，中国金融机构技术资金投入达2691.9亿元；预计至2024年，投入规模将达5754.5亿元，中国金融业进入数字化创新的高效发展阶段。中国金融机构利用数字技术成功地实现了金融领先。但数字金融的发展和应用具有两面性：一方面，数字金融利用大数据能够获取客户更准确、更全面的信息，从而降低金融行业的风险水平，而且通过线上平台交易提高了金融行业的服务质量和效率；另一方面，数字金融的广泛应用，会扩大金融风险的范围、加剧金融风险的传播速度，破坏金融行业的稳定性。所以，在推动数字金融发展的同时，保证金融行业的稳定、防范新的金融风险，完善金融监管政策十分必要。我国不断加强对金融行业的防范工作，2021年底召开的中央经济工作会议重申"稳定大局、统筹协调、分类施策、精准拆弹"的十六字方针，并把强化金融法治、完善长效机制作为防范化解各类风险的根本思路。可以看出，根据我国金融行业特有的发展阶段及我国经济发展的阶段性特征，探讨金融创新对金融行业稳健性的影响具有重要的实践意义。本章将从数字金融对商业银行稳健性影响的角度出发，研究数字技术在金融领域应用的经济后果。

本章以我国商业银行为研究对象，基于 2011~2018 年商业银行的相关数据，探讨并验证了数字金融对商业银行稳健性的影响。在进一步研究中，探讨并验证了数字金融影响商业银行稳健性的作用机制以及数字金融不同维度对商业银行稳健性的影响。并从商业银行异质性的角度探究了两者关系在不同商业银行中的差异。具体的研究发现：一是数字金融发展水平越高，商业银行的稳健性越低；二是数字金融三个维度的衡量指标中，数字金融使用深度对商业银行稳健性的负向作用最大，数字金融覆盖广度对商业银行稳健性的影响次之、数字金融数字化程度对商业银行稳健性的影响最小；三是数字金融可以通过信息效应和风险效应影响商业银行的稳健性；四是数字金融对中小型商业银行、非国有商业银行的稳健性影响较大，而对大型商业银行以及股份制商业银行、国有商业银行的影响较小。

本章的研究和结论可能的贡献主要有：一是丰富了商业银行稳健性影响因素的相关理论研究，将商业银行稳健性的影响因素拓展到了宏观层面；二是探讨并验证了数字金融发展水平影响商业银行稳健性的作用机制及治理机制，有利于深入理解两者产生关系的内在机理以及治理机制；三是为我国金融监管部门制定数字金融发展政策提供一定的经验验证和依据。

第一节

文献综述

商业银行稳健性对金融市场的安全至关重要。因此，探究商业银行稳健性影响因素一直以来是不少学者致力深耕的领域。目前，对于商业银行稳健性的影响因素主要分为外部经济环境和内部经营。从外部经济环境来看，德米瑞克和德塔吉克（Demirguc amd Detagiache，1998）认为，宏观经济是影响银行稳健性的根本原因。贝克等（Beck et al.，2000）认为金融创新只要不超过一定的阈值在整体上是有利于金融市场发展的。而布瑞恩和尼尔（Brian and Neil，2009）则认为金融创新是导致经济危机的直接原因。同样，不少学者认为金融创新作为外部经济环境会对商业银行稳健性产生重大影响。从市场因素来看，乔尔·贝西斯（Joel Bessis，2002）认为利率市场化会在一定程度上导致实际利率上升、提高银行成本、降低净利差。银行为维持盈利会偏好风险较高的资产，导致资产质量下降，引发经营风险的提升。从商业银行内部经营的角度来看，巴思（Barth，2004）通过对3000多家商业银行的数据进行实证分析，探讨资本充足率监管与银行稳健性的关系，研究指出，银行资本充足率越高，商业银行稳健性越高。戈德尔韦斯基（Godlweski，2004）认为商业银行经营稳健性取决于不良贷款率，即不良贷款率越低，商业银行稳健性越好。而勒杨（Rajan，2005）等研究则认为商业银行经营稳健性取决于投资者信心、需求以及流动性。从银行自身盈利能力和经营规模的角度来看，贝布祖克和加林多（Bebczuk and Galindo，2008）利用阿根廷930家银行的数据进行研究发现，当经济发展比较缓慢时，具有丰富业务种类的大型银行更易于分散金融风险。伯杰（Berger，2009）认为资产规模对商业银行经营稳健性起到重大影响，银行可以凭借资产规模的缓冲和弥补作用来应对金融风险的冲击。随着影子银行的出现，米克（Meeks，2013）等研究了影子银行对商业银行稳健性的影响。研究表明影子银行导致商业银行的体系面临着流动性紧缩的危机，并加剧了金融体系的动荡，从而引发了银行体系的不稳定性。

国内对商业银行稳健性影响因素的研究起步较晚，首先是外部因素对商业银行稳健性的研究。林亮亮和刘开林（2007）测度了我国商业银行体系1997～2005年的稳健性，认为GDP增长率、通胀率对我国银行体系的稳健性有显著影响。于静（2008）研究指出，清偿成本和风险转移成本下降、流动性增强，商业银行的稳健性下降。在清偿成本较大的情况下，银行通过资产证券化在一定程度上可以提升银行的稳健性。陈守东和王淼（2011）构建了我国银行稳健性指标体系，检验了银行稳健性与经济增长、信贷规模扩张及资本市场价格之间的关系，结果表明，银行稳健性的波动主要受商业银行自身特点、GDP增长率等的影响。卢盼盼和张长全（2013）则分析了金融脱媒对商业银行稳健性的影响，研究指出，脱媒校正效应不仅化解了资产脱媒对商业银行稳健性的不利影响，而且在一定程度上提高了商业银行的稳健性，但其未能完全化解负债脱媒对商业银行稳健性的不利影响。邱平（2015）从市场约束角度研究了商业银行稳健性的问题，研究发现，市场约束在一定条件下能够有效地降低商业银行的风险，提高商业银行的稳健性。随着研究的深入，国内学者逐渐转向研究商业银行自身因素对银行稳健性的影响。曲洪建和孙明贵（2010）重点研究了特许权价值与商业银行稳健性之间的关系，特许权价值越高，对商业银行的约束性越强，银行的稳健性会越好，但是隐性保险制度削弱了特许权价值的作用。张亦春和彭江（2014）探讨了影子银行对商业银行稳健性和经济增长的影响并做出分析，认为影子银行对商业银行的稳健性有正向影响，但不具备长期效应。丁振辉（2015）以利息收入占比为衡量指标研究了金融创新对商业银行稳健性的影响，结果显示，适当的金融创新对商业银行稳健性起到了积极的作用。郭幸（2017）则认为影响银行稳健性最关键的因素就是银行自身的经营状况，银行应通过业务转型提高竞争力，降低银行体系的风险。从整体上来看，目前关于数字金融对商业银行稳健性影响的研究还较少。我国银行业对实体经济的贷款规模占全社会融资规模的70%以上。因此，银行体系的稳健性对于稳定我国宏观经济至关重要（王连军，2018）。金融行业的外部环境不断发生变化，在适应和调整外部环境、积极创新的同时，兼顾安全和效率是银行业稳定与发展的基础。所以研究数字金融对商业银行稳健性的影响具有重要的实践意义。

第二节　理论分析与假设提出

数字金融会对商业银行的稳健性产生一定的影响。首先，从竞争的角度来看，数字金融不断发展，会提高商业银行的竞争程度。因为数字金融具有更强大的服务支撑和更广泛的服务范围，会加剧银行体系的内部竞争，银行竞争压力的增加，导致银行更倾向于从事风险性较高的信贷活动，进而导致银行稳健性降低。另外，数字金融带来的竞争压力，也会促进银行体系业务的优化和效率的提升，提升银行体系的稳健性。其次，从数字金融对商业银行盈利性影响的角度来看，主要包括三个方面。一是对商业银行资产端的影响。数字金融的发展和应用降低了借贷市场信息不对称程度。信贷资产数字化转型提供了更为便捷的交易渠道，吸引了大量的银行客户，导致商业银行部分客户流失，盈利性受到一定的冲击。但由于数字金融的监管政策还不完善，平台融资风险较高，给银行体系的稳定性造成一定程度的影响。二是对中间业务的影响。随着数字金融的发展，各式各样的金融产品层出不穷。商业银行的理财、支付等很多业务客户流失，"金融脱媒"现象加速，商业银行失去了很多中间业务，降低了银行的盈利性，同时会削弱银行体系的稳定性。三是对负债业务的影响。数字金融使得更多"长尾"客户能够获得金融服务，投资产品风险偏好上升增加银行风险。数字金融加速金融行业的市场化进程，压缩了银行的利润空间。但也有学者研究指出，金融创新并不会影响商业银行体系的稳健性，还有利于商业银行的长远发展和稳定（叶欣和冯宗宪，2004）。再次，数字金融会影响商业银行的信贷配置效率。一方面，数字金融增加了商业银行的服务范围，减少了原来物理网点导致的金融服务盲区，这将提高商业银行的整体风险，削弱商业银行的稳健性；另一方面，数字金融能够提升商业银行的信贷配置质量，有助于商业银行体系稳健性的提升。最后，数字金融在带来新的金融风险的同时，也引起了监管部门的重视，加强了对金融行业的监管，有效地提升了我国金融监管的水平和能力，有助于我国商业银行稳健性的提升。通过以上分析可以看出，数字金融对商业银行稳健性的影响具有两面性，一方面数字金融带来的风险性可能会降低商业银行的稳健性；另一方面数字金融通过提高效率、优化资产配等又可以提升商业银行的稳健性。根据以上推理，提出本章的对立假设。

H5 – 1A：数字金融的发展有助于商业银行的稳健性的提升；

H5 – 1B：数字金融的发展削弱了商业银行的稳健性。

第三节

研究设计

一、样本来源及选择

本章所用数据中，商业银行的相关数据主要来源于 Orbis Bank Focus 数据库；数字金融相关的数据主要来源于北京大学数字金融研究中心；国家级以及省级的相关宏观数据，主要来自国家统计局；市级层面的相关宏观数据，主要来源于《中国城市统计年鉴》。剔除数据缺失的样本，最终得到 2011～2018 年 869 个样本。数据主要通过 Excel 和 Stata 16.0 软件进行处理。

二、模型构建

借鉴王连军（2018）的研究成果，构造模型（5.1），用于验证本章假设 H5 – 1A 和 H5 – 1B。

$$STAB = \beta_0 + \beta_1 \ln DIFI + \beta_2 LEV + \beta_3 SIZE + \beta_4 ROA$$
$$+ \beta_5 LIQ + \beta_6 \ln GDP + \beta_7 REALTY + \beta_8 PNII$$
$$+ \sum YEAR + \sum ID + \varepsilon \qquad (5.1)$$

其中，lnDIFI 代表数字金融发展水平，STAB 代表商业银行稳健性水平。指标具体计算见关键变量衡量部分。

三、关键变量衡量

（一）银行稳健性水平（STAB）的衡量

借鉴已有研究成果，目前衡量商业银行的稳健性的指标主要采用银行的破产概率指数，用 STAB 表示。

$STAB = \ln\{ROA_{it} + CAR_{it}/\sigma(ROA_{it})\}$，其中 i 代表某家商业银行，t 代表年份，ROA、CAR 和 σ（ROA）分别代表资产收益率、资本资产比率和以五年期为窗口滚动的资产收益率的标准差。STAB 的值越大，表示银行稳健性越高。

（二）其他控制变量

借鉴王连军（2018）、陈柱和衣述冰（2022）等学者的研究成果，控制了 LEV（资产负债率）、SIZE（银行规模）、ROA（资产收益率）、LIQ（银行流动性比率）、经济增长（lnGDP）、REALTY（资产价格增长率）、PNII（非利息收入占比）以及年度和个体变量。

实证分析与结果描述

一、主要变量含义及描述性统计

从表 5-1 中可知我国商业银行稳健性水平平均值为 0.4416，标准差为 0.7602，这说明我国商业银行之间的稳健性水平差异较大。最大值是最小值的 12 倍，这也说明我国部分商业银行的稳健性较低，所以我国商业银行业的稳健性有待进一步地加强和提升。资产负债率（LEV）平均值为 0.8643，标准差为 0.0357，最大值、最小值与平均值相差不大，这说明我国商业银行平均资产负债率较为合理，相关的监管政策执行较好。但最大值为 0.9514，该银行的风险资本核心充足率低于一般要求的 8% 的水平，银行的风险较高。

表 5-1　　　　　　　　　主要变量描述性统计

变量描述	变量符号	均值	标准差	最小值	最大值
银行业稳健性水平	STAB	0.4416	0.7602	-0.8091	9.7819
数字金融发展水平	lnDIFI	5.1393	2.0182	2.3170	5.7230
资产负债率	LEV	0.8643	0.0357	0.8301	0.9514
经济增长	lnGDP	10.7428	0.4412	8.9442	11.5921
银行规模	SIZE	25.4603	1.7697	23.3582	30.0017
资产收益率	ROA	1.0644	0.4493	0.0827	2.0424
银行流动性比率	LIQ	28.8572	10.9219	8.4796	53.5317
资产价格增长率	REALTY	9.0644	6.4226	-1.5833	23.1534
非利息收入占比	PNII	0.1854	0.1104	-0.0467	0.5092

二、多元线性回归及分析

为了验证数字金融发展水平对商业银行稳健性水平的具体影响效应，将各变量带入模型（5.1）中，多元回归结果如表5-2所示。

表5-2 数字金融对商业银行稳健性影响的多元回归结果

变量	STAB
lnDIFI	-0.0215 *** (-6.7720)
LEV	-8.5620 * (-1.8721)
lnGDP	-0.0962 (-0.8519)
SIZE	-0.0873 ** (-2.0832)
ROA	0.0832 * (1.9042)
LIQ	0.4944 *** (7.2956)
REALTY	-0.0996 ** (-2.3305)
PNII	-0.0841 *** (-5.2739)
常数项	8.9852 *** (7.0561)
年度个体	已控制
R^2	0.0935
样本量	869

注：（1）***、**、* 分别表示在1%、5%、10%水平上显著；（2）括号内为 t 值；（3）年度、个体变量已控制，结果未列示。

表 5 – 2 中列示了数字金融发展水平对商业银行稳健性影响的多元回归结果。可以看出解释变量商业银行稳健性（STAB）与数字金融发展水平（lnDIFI）在 1% 水平上显著为负。回归结果说明在控制了其他因素的影响后，数字金融发展水平越高，商业银行的稳健性越低。实证结果证明了本章假设 H5 – 1B。可能的原因是：数字金融的发展，一方面，会压缩商业银行的利润空间，导致商业银行更倾向于从事风险性较高的信贷活动；另一方面，虽然目前金融科技在商业银行已经广泛应用，但是我国相关的监管政策和法律法规还有待完善，没有规范的执行标准和风险控制底线，导致商业银行在快速发展数字金融的过程中稳健性的降低。

三、稳健性检验

为了保证研究结果的稳健性，在模型建立阶段对模型中变量的共线性问题进行了测试，模型变量之间不存在严重的共线性问题。在多元回归阶段，对模型中变量的方差膨胀因子进行了检测，多元回归变量的平均膨胀系数均在 2 左右。这说明书中的变量选取较为合理。同时在多元回归阶段，对模型中的连续变量进行去中心化处理。减少由于数据本身带来的变量之间的多重共线性。除了进行上述检验和处理外，本章还进行了以下的稳健性检验。

（一）滞后一期处理

根据现有研究成果和理论，模型中的各个变量对商业银行稳健性的影响具有一定的滞后效应，所以将模型中的自变量以及控制变量滞后一期再代入模型中重新进行回归，进行稳健性检验。结果见表 5 – 3 第（1）列。从表 5 – 3 中可以看出数字金融发展水平与商业银行稳健性依然为显著的负相关。

（二）更换被解释变量

用银行不良贷款率（记作 STAB-D）作为被解释变量，进行稳健性检验，检验结果列示于表 5-3 第（2）列。从表 5-3 中可以看出，数字金融发展水平对商业银行稳健性的影响依然稳健。

表 5-3　　　　　　　　　　稳健性检验1

变量	(1)	变量	(2)
	STAB		STAB-D
lnDIFI-L	−0.0164 ** (−2.1945)	lnDIFI	−0.0083 *** (−3.2941)
LEV-L	−4.3408 * (−1.7942)	LEV	−1.9026 ** (−2.0836)
lnGDP−L	−0.1986 (−0.9402)	lnGDP	−0.1632 * (−1.8649)
SIZE−L	−0.0605 ** (−2.3157)	SIZE	−0.0875 * (−1.7764)
ROA−L	0.0963 ** (2.1028)	ROA	0.0675 ** (2.0153)
LIQ−L	0.3721 *** (5.0074)	LIQ	0.7932 *** (4.2385)
REALTY−L	−0.0916 ** (−2.3105)	REALTY	−0.1981 *** (−3.8974)
PNII−L	−0.0764 * (−1.8152)	PNII	−0.0641 * (−1.7329)
常数项	4.7638 *** (9.2401)	常数项	3.7698 *** (4.6589)
年度个体	已控制	年度个体	已控制
R^2	0.0831	R^2	0.0956
样本量	723	样本量	869

注：（1）***、**、* 分别表示在1%、5%、10%水平上显著；（2）括号内为 t 值；（3）年度、个体变量已控制，结果未列示。

（三）内生性检验

数字金融的发展水平会对商业银行的稳健性产生显著的影响。但同时，数字金融发展水平和金融行业的稳健性也可能会受到相同因素的影响。为了保证研究结论的稳健性，参考陈柱和衣述冰（2022）的研究方法，用互联网普及率（INT）作为数字金融发展水平的工具变量进行稳健性检验，回归结果见表5-4。从表中可以看出数字金融对商业银行稳健性的影响依然成立。

表5-4　　　　　　　　　　稳健性检验2

变量	(1)	(2)
	lnDIFI	STAB
INT	0.3922 *** （2.8793）	-0.3478 * （-1.8393）
控制变量	Yes	Yes
年度个体	已控制	已控制
F	289.4890	
R²	0.1249	0.1679
Chi2		324.2149

注：（1）***、**、*分别表示在1%、5%、10%水平上显著；（2）括号内为 t 值；（3）控制变量、年度、个体变量已控制，结果未列示。

第五节

进一步研究

一、数字金融不同维度对商业银行稳健性的影响

北京大学数字金融研究中心从不同的角度刻画了数字普惠金融发展的程度，分别是数字金融覆盖广度、使用深度以及数字化程度。数字金

融发展对商业银行的稳健性产生了显著的影响，那么数字金融的覆盖广度、使用深度以及数字化程度又会对商业银行稳健性产生什么样的影响值得深入地探讨。将数字金融覆盖广度（Coverage_breadth）、使用深度（Usage_depth）以及数字化程度（Digitization_level）带入模型（5.1）中进行多元回归，回归结果见表5-5。

表5-5　　　　　　　数字金融三个维度对商业银行稳健性的影响研究

变量	(1)	(2)	(3)
	STAB	STAB	STAB
Coverage_breadth	-0.0039 ** (-2.2953)		
Usage_depth		-0.0017 *** (-2.5680)	
Digitization_level			-0.0051 * (-1.7489)
LEV	-6.0488 * (-1.8432)	-8.9942 ** (-2.2047)	-9.1737 ** (-2.0771)
lnGDP	-0.03806 (-1.1995)	-0.0385 * (-1.8329)	-0.0289 * (-1.7532)
SIZE	-0.0964 *** (-7.0295)	-0.0389 *** (-5.0062)	-0.0038 ** (-2.1905)
ROA	0.9625 * (1.9021)	0.2179 ** (2.0731)	0.9826 * (1.8368)
LIQ	0.0038 *** (4.8746)	0.0074 *** (9.2773)	0.0032 ** (2.0906)
REALTY	-0.0321 ** (-2.2085)	-0.0398 * (-1.8523)	-0.0304 * (-1.7074)
PNII	-0.0653 *** (-7.2781)	-0.0592 *** (-3.9657)	-0.0199 ** (-2.0963)
常数项	0.8327 *** (3.8748)	0.9521 *** (7.6524)	0.7523 *** (5.5219)
年度个体	已控制	已控制	已控制
R^2	0.0742	0.0962	0.0531
样本量	843	843	843

注：（1）***、**、*分别表示在1%、5%、10%水平上显著；（2）括号内为t值；（3）年度、个体变量已控制，结果未列示。

从表 5-5 可以看出，数字金融覆盖广度（Coverage_breadth）、数字金融使用深度（Usage_depth）以及数字金融数字化程度（Digitization_level）与商业银行竞争程度分别在 5%、1%、10% 的水平上显著为负，这说明数字金融覆盖广度、数字金融使用深度以及数字金融数字化程度均会使商业银行的稳健性降低。综合来看，数字金融三个维度的衡量指标中，数字金融使用深度对商业银行稳健性的负向作用最大，数字金融覆盖广度对商业银行竞争的影响次之，数字金融数字化程度的影响作用最小。研究结论可能的经济含义为：在我国数字金融覆盖广度达到一定程度的情况下，数字金融的使用深度成为近几年我国数字金融发展的方向和重要的驱动因素，但是数字金融使用深度对商业银行的稳健性影响最大，这说明数字金融业务的使用显著降低了我国商业银行的稳健性。从数字金融的覆盖广度来看，说明金融服务的辐射范围和普及率导致的数字金融"规模经济"会影响我国商业银行的稳健性。数字化程度对商业银行稳健性的影响最小。可能的原因是计算技术在传统商业银行的使用较早，传统商业银行网点导致的物理限制已经得到了优化和改变。所以数字金融的大力发展对商业银行数字化程度的优化较为有限，故数字金融的数字化程度对商业银行稳健性的影响较小。

二、数字金融对商业银行稳健性影响的作用机制检验

虽然数字金融的发展会对传统金融行业的各个方面都产生一定程度的影响，但是通过前面大样本数据的验证可知，数字金融的发展显著地降低了商业银行的稳健性。这说明，数字金融发展带来的风险效应和信息效应在数字金融影响商业银行稳健性中发挥了主导的作用。首先，从风险效应的角度来说，数字金融的发展会加剧商业银行金融资产的多样性以及金融产品的复杂性。金融资产的复杂性和衍生品会加剧商业银行资产价格的波动性，加剧商业银行的风险。同时数字金

融的外溢效应，会放大金融行业金融风险的负面效应。数字金融的发展速度较快，而相应的监管制度和规范尚不完善，会导致商业银行具有较大的隐藏性风险。所以说，数字金融发展带来的风险效应会增加商业银行的风险程度，进而导致商业银行稳健性的降低。其次，从信息效应的角度来看，数字金融的发展有利于商业银行搜集客户的相关信息，数据更加容易获取、准确度提升，显著地降低了银行与客户之间的信息不对称程度。商业银行具有不同信息获取渠道，商业银行之间竞争更加激烈。竞争的加剧会提高商业银行风险资产配置的比重，最终降低商业银行的稳健性，据此推测，数字金融的发展会通过信息效应影响商业银行的稳健性。为了检验数字金融对商业银行稳健性影响的作用机制，借鉴学者金雪军和徐凯翔（2018）的研究成果，选择商业银行贷款总量占总资产的比重（DEP）作为银行信贷资产配置的衡量指标，检验数字金融是否通过风险效应影响商业银行的稳健性。同样地，借鉴陈柱和衣述冰（2022）的研究成果，使用股价同步性（Synch）作为信息效应的衡量指标，检验数字金融是否通过信息效应影响商业银行的稳健性。分别建立模型（5.2）、模型（5.3）和模型（5.4）。回归结果见表5-6。

$$DEP = \beta_0 + \beta_1 \ln DIFI + \beta_2 LEV + \beta_3 SIZE + \beta_4 ROA + \beta_5 LIQ + \beta_6 \ln GDP$$
$$+ \beta_7 REALTY + \beta_8 PNII + \sum YEAR + \sum ID + \varepsilon \qquad (5.2)$$

$$Synch = \beta_0 + \beta_1 \ln DIFI + \beta_2 LEV + \beta_3 SIZE + \beta_4 ROA + \beta_5 LIQ$$
$$+ \beta_6 \ln GDP + \beta_7 REALTY + \beta_8 PNII + \sum YEAR$$
$$+ \sum ID + \varepsilon \qquad (5.3)$$

$$STAB = \beta_0 + \beta_1 \ln DIFI + \alpha_1 DEP + \alpha_2 Synch + \beta_2 LEV + \beta_3 SIZE$$
$$+ \beta_4 ROA + \beta_5 LIQ + \beta_6 \ln GDP + \beta_7 REALTY + \beta_8 PNII$$
$$+ \sum YEAR + \sum ID + \varepsilon \qquad (5.4)$$

表5-6　　　　　数字金融影响商业银行稳健性的作用机制检验

变量	(1) DEP	(2) Synch	(3) STAB
lnDIFI	0.1920 ** (2.1384)	0.7532 *** (3.8721)	-0.0194 ** (-2.0946)
DEP			-0.0238 *** (-2.4841)
Synch			-0.3923 ** (-2.0248)
LEV	-1.3947 (-1.2483)	-0.3847 * (-1.9103)	-0.2832 ** (-2.0379)
lnGDP	0.3489 * (1.8398)	-0.2293 (-0.2098)	-0.0428 (-1.4859)
SIZE	0.0484 ** (1.9849)	-0.0394 * (-1.7847)	-0.0873 ** (-2.0832)
ROA	0.0485 ** (2.0833)	-0.0428 * (-1.7294)	0.0592 * (1.8264)
LIQ	-0.2874 *** (-4.8473)	0.4821 ** (2.0217)	0.3749 *** (8.3789)
REALTY	0.0293 ** (2.1836)	-0.3862 * (-1.8338)	0.4738 ** (2.0447)
PNII	-0.3289 ** (-2.0348)	-0.2987 ** (-2.1274)	-0.2153 * (-1.9027)
常数项	2.4923 *** (3.1944)	9.4828 *** (5.8378)	4.4811 *** (3.0489)
年度个体	已控制	已控制	已控制
R^2	0.0194	0.0403	0.0219
样本量	649	217	217

注:(1) ***、**、*分别表示在1%、5%、10%水平上显著;(2) 括号内为t值;
(3) 年度、个体变量已控制,结果未列示。

表5-6第(1)列列示的是数字金融发展水平对商业银行贷款总量占总资产比重(DEP)影响的多元回归结果。在控制了其他因素的影响

后，数字金融发展水平对商业银行贷款总量占总资产比重的回归系数在5%的水平上显著为正。这说明数字金融发展水平越高，商业银行贷款总量占总资产比重越高。第（2）列是数字金融发展水平对商业银行股价同步性影响的多元回归结果。在控制了其他因素的影响后，数字金融发展水平对商业银行股价同步性的回归系数在1%的水平上显著为正。这说明数字金融发展水平越高，商业银行股价同步性越高，商业银行的特质性信息越少。第（3）列是检验商业银行贷款总量占总资产比重和商业银行股价同步性对商业银行稳健性影响的多元回归结果。在控制了其他影响因素后，商业银行稳健性与商业银行贷款总量占总资产比重、股价同步性分别在1%和5%的水平上显著负相关，索贝尔（Sobel，1982）中介效应检验显著通过，这说明商业银行贷款总量占总资产比重和商业银行股价同步性越高，商业银行的稳健性越低。可以看出，数字金融发展水平会通过商业银行贷款总量占总资产比重和商业银行股价同步性影响商业银行的稳健性程度。同时，在第（3）列中，数字金融发展水平对商业银行的稳健性程度的影响依然在5%的水平上显著，这说明商业银行贷款总量占总资产比重和商业银行股价同步性是数字金融发展水平影响商业银行稳健性的部分中介作用机制。

三、数字金融对商业银行稳健性影响的异质性检验

（一）基于商业银行类型的异质性检验

我国商业银行目前有大型商业银行、股份制商业银行和中小型商业银行，不同类型的商业银行在各方面都具有显著的差异。大型商业银行发展时间较长，具有较为完善的公司治理制度和风险管理手段，并在我国实体经济的发展中发挥着中流砥柱的作用。在我国金融体系不断深化改革中，股份制银行逐步成为我国银行体系中重要的组成部分，由于具有一定的制度竞争优势，且借鉴了上市公司的制度体制和治理结构，具

有较为先进的经营模式和经营理念，发展十分迅速。中小型商业银行主要服务于地方经济发展，在我国金融体系的提升和完善过程中发挥着日益重要的作用。目前，我国中小型商业银行的公司治理体系尚未完全建立，处于重要的转型时期，需要不断地借鉴现代公司治理框架和机制继续展开深化改革。数字金融在金融机构迅速发展，是否对不同类型的商业银行的稳健性具有不同程度的影响呢？为了检验数字金融对商业银行稳健性的影响在不同类型商业银行中是否具有异质性，将样本中的商业银行按照类型进行划分，由于股份制商业银行和全国大型商业银行在产权性质上不具有足够的变异性，因此将股份制商业银行和全国大型商业银行分为一组，中小型商业银行为一组，进行分组检验。设置虚拟变量Type，股份制银行和大型商业银行取值为1，中小商业银行取值为0。多元回归结果列示在表5-7中。

$$STAB = \beta_0 + \alpha_1 \ln DIFI * Type + \alpha_2 Type + \beta_1 \ln DIFI + \beta_2 LEV$$
$$+ \beta_3 SIZE + \beta_4 ROA + \beta_5 LIQ + \beta_6 \ln GDP + \beta_7 REALTY$$
$$+ \beta_8 PNII + \sum YEAR + \varepsilon \qquad (5.5)$$

表 5-7　　　　数字金融对商业银行稳健性影响的异质性检验

变量	STAB
lnDIFI	-0.0184 ** (-2.1843)
lnDIFI × Type	0.0113 * (1.6294)
Type	0.0215 *** (4.5811)
LEV	-5.4981 * (-1.8731)
lnGDP	-0.0483 (-1.1241)

变量	STAB
SIZE	−0.0482 ** (−1.9849)
ROA	0.04851 * (1.8094)
LIQ	0.4850 *** (6.3941)
REALTY	−0.0840 ** (−2.2951)
PNII	−0.0491 *** (−3.2187)
常数项	3.1058 *** (4.0189)
年度个体	已控制
R^2	0.0741
样本量	824

注：（1）***、**、*分别表示在1%、5%、10%水平上显著；（2）括号内为 t 值；（3）年度、个体变量已控制，结果未列示。

由表5-7中可知，在控制了其他因素的影响后，数字金融与商业银行类型虚拟变量的交乘项（lnDIFI × Type）与商业银行稳健性（STAB）的多元回归结果在10%的水平上显著为正，这说明数字金融的发展对大型商业银行和股份制银行稳健性的影响较小，而对中小型商业银行稳健性的影响较大。可能的原因是，中小型商业银行在数字金融发展的过程中，在数据、科技、信息、风控和人才等方面仍然面临挑战。而我国大型商业银行的稳健性受数字金融的影响较小，主要的原因可能是我国的大型商业银行和股份制商业银行受到了更为严格和完善的制度监管，风险承受能力更强，稳健性受数字金融的影响较小。

（二）基于商业银行产权性质的异质性检验

我国银行体系经历了多年的发展和完善，由当初的中国人民银行一家金融机构，到目前国有商业银行、股份制商业银行以及中小商业银行并存。亚洲金融风暴助推了我国银行体系的改革，我国银行体系逐步向商业化转型。根据中国银行保险监督管理委员会的划分，目前我国有国有大型商业银行、股份制商业银行、以城市商业银行和农村商业银行为主的中小型商业银行。不同类型的商业银行在经营地域、监管政策、行政许可等方面都具有显著的区别，非国有商业银行的比重逐步提升。国有商业银行在我国国民经济发展中依然具有重要的地位，需要配合国家的货币政策、经济政策等宏观调控政策以及服务经济社会发展的需求。所以在业务方面，国有商业银行不能以追求利润作为经营的首要目标。随着金融科技在银行体系的逐步发展，数字金融对国有商业银行和非国有商业银行稳健性的影响是否具有一定的差异，需要进一步的验证。为了检验数字金融对商业银行稳健性影响的产权性质差异，将样本中的商业银行按照产权性质划分，设置虚拟变量 Equity，当样本中的商业银行为国有商业银行时取值为 1，否则取值为 0。具体的回归方程如模型（5.6）所示，多元回归结果如表 5-8 所示。

$$STAB = \beta_0 + \alpha_1 \ln DIFI \times Equity + \alpha_2 Equity + \beta_1 \ln DIFI + \beta_2 LEV$$
$$+ \beta_3 SIZE + \beta_4 ROA + \beta_5 LIQ + \beta_6 \ln GDP + \beta_7 REALTY$$
$$+ \beta_8 PNII + \sum YEAR + \varepsilon \qquad (5.6)$$

表 5-8　　　　数字金融对商业银行稳健性影响的产权差异检验

变量	STAB
lnDIFI × Equity	0.2948 * (1.7494)
Equity	0.0936 ** (2.1955)

变量	STAB
lnDIFI	− 0. 0019 * (− 1. 8304)
LEV	− 5. 2974 * (− 1. 7340)
lnGDP	− 0. 0637 (− 0. 4627)
SIZE	− 0. 0463 ** (− 2. 1948)
ROA	0. 0274 * (1. 7348)
LIQ	0. 4677 *** (3. 8734)
REALTY	− 0. 0297 ** (− 2. 0267)
PNII	− 0. 0395 *** (− 3. 1480)
常数项	3. 3047 *** (4. 1984)
R^2	0. 0837
样本量	723

注：（1） ***、**、* 分别表示在 1%、5%、10% 水平上显著；（2）括号内为 t 值；（3）年度、个体变量已控制，结果未列示。

由表 5 - 8 中可知，在控制了其他因素的影响后，数字金融与商业银行产权性质变量的交乘项（lnDIFI × Equity）与商业银行稳健性（STAB）在 10% 水平上显著为正。这说明在一定的数字金融发展水平下，国有商业银行比非国有商业银行的稳健性更高，也就是说数字金融对国有商业银行稳健性的影响小于对非国有商业银行稳健性的影响。可能的原因是，国有商业银行在我国经济发展中具有一定的特殊作用，非营利性业务导向使得国有商业银行受数字金融的影响较小而对非国有商业银行的影响相对较大。

第六节

本章小结

本章主要分析了数字金融发展水平对商业银行稳健性的影响。研究发现，数字金融发展水平越高，商业银行的稳健性越低。首先，推理并验证了数字金融不同维度对商业银行稳健性的影响。研究发现，数字金融使用深度、覆盖广度、数字化程度都显著地降低了商业银行的稳健性。其次，对数字金融影响商业银行稳健性的作用机制进行了推理和检验，研究发现，数字金融可以通过信息效应和风险效应影响商业银行的稳健性。最后，检验了数字金融对商业银行稳健性影响的异质性。主要从商业银行的类型以及产权性质的角度研究了数字金融发展对商业银行稳健性影响的结果差异。研究发现，数字金融对中小型商业银行、非国有商业银行影响较大，而对大型商业银行以及股份制商业银行、国有商业银行的影响较小。

数字金融发展水平越高，商业银行的稳健性越低。研究结果表明：虽然数字技术在金融体系的迅猛发展给金融行业带来了创新的方向，并逐步地成为商业银行竞争的砝码，但是数字金融给金融体系稳健性带来的冲击应该引起足够的重视。数字金融的不同维度都会给银行的稳健性带来一定程度的负面影响。数字金融主要通过增加银行贷款比例以及会使商业银行股价同步性上升而导致商业银行稳健性的下降。中小型的商业银行在数字金融的引入中，应该更加谨慎，由于中小型商业银行规模以及公司治理结构等问题的存在，数字金融的引入对中小型商业银行稳健性的影响较大。同样地，非国有商业银行存在相似的风险。本书的研究结论具有一定的理论与实践指导意义。首先，我国商业银行在积极发展数字金融的同时，应该完善数字金融内部风险防控，增强风险防范意识，尤其是中小型商业银行和非国有商业银行；其次，我国监管部门应

第五章 数字金融对商业银行稳健性影响研究

该加强对数字金融的制度和政策的顶层设计，增强监管规范性和力度，防止金融体系发生系统性的风险；最后，在数字金融的应用过程中，应该注重防范由于风险效应和信息效应带来的稳健性风险。

第六章

数字金融对商业银行竞争影响研究

数字金融的发展，给银行业带来了一定的冲击。随着金融科技在银行业的广泛应用，数字金融又成为银行业转型的重要手段。近年来，数字金融逐步成为中国银行业进一步深化发展的战略方向。数字金融利用现代科技将银行业的产品线上化，优化和创新了银行的业务模式和流程，借助互联网、大数据等智能数据系统，不但能够简化交易流程、提高服务效率，而且能够拓展服务边界，所以数字金融有效地推动了商业银行的转型升级。现阶段无论实务界还是学术界关注的重点都在于如何利用数字金融进一步推进商业银行的发展。但是数字金融的发展也对银行业带来了新的风险和挑战。传统金融市场、金融机构在面对和应用金融科技时，由于相关的法律法规以及监管制度等还不完善，还存在一系列有待进一步提升和优化的问题。在数字技术的冲击下，银行业的竞争格局也在不断变化。商业银行之间不但出现了商业模式的竞争，而且在技术方面也形成了激烈的竞争。商业模式创新或技术创新驱动的新型机构甚至能够颠覆原有垄断机构的市场地位

（苏治等，2018）。所以数字技术带来的商业模式竞争和技术竞争，改变了银行业的竞争环境，影响了金融业的竞争格局。在数字金融逐步渗透到银行业的进程中，研究数字金融对商业银行竞争的影响具有重要的理论与实践意义。

本章以我国商业银行为研究对象，基于 2011～2018 年的相关数据，探讨并验证数字金融对商业银行竞争的影响。在进一步研究中，探讨并验证了数字金融影响商业银行竞争程度的作用机制，验证了数字金融不同维度对商业银行竞争程度的影响，并从商业银行异质性的角度探究了两者关系在不同商业银行中的差异。研究发现：一是数字金融发展水平越高，商业银行的竞争程度越高；二是数字金融覆盖广度、数字金融使用深度显著地提升了商业银行的竞争程度，没有发现数字金融数字化程度影响商业银行竞争程度的证据；三是数字金融可以通过影响商业银行的净息差影响商业银行的竞争程度；四是数字金融对商业银行竞争程度的影响，对东部地区的商业银行、非国有商业银行以及规模较小商业银行影响较大，而对中西部地区、国有商业银行以及规模较大的商业银行影响较小。

本章的研究可能的贡献主要有：一是丰富了银行竞争影响因素的相关理论研究，将商业银行竞争程度的影响因素拓展到了宏观层面；二是探讨并验证了数字金融发展水平影响商业银行竞争程度的作用机制及治理机制，有利于深入理解两者产生关系的内在机理以及治理机制；三是为我国金融监管部门制定数字金融发展政策提供了一定的经验验证和依据。

第一节　理论分析与假设提出

数字金融能够显著地影响银行业的竞争水平。在理论层面，首先，从金融创新的角度来看，数字金融是数字技术在传统金融行业的应用，属于金融创新。目前，有关创新是否会影响竞争有两种理论：一种是熊彼特创新理论认为，在经济社会发展的过程中创新具有重要的作用。企业通过创新可以增强竞争优势、加剧行业的竞争，从而降低企业的垄断地位。另一种是逃避竞争效应则认为企业为了避免过于激烈的竞争，会采用创新的手段逃避竞争。可以看出，创新如何影响竞争以及影响的方向尚不能确定。而已有研究也从不同的角度支持了这两种理论。技术创新对银行业的竞争具有两面性：一方面，金融创新提升了银行业务处理能力和效率，技术的提升增强了银行业的进入壁垒，从而降低金融市场内部的竞争（Hauswald and Marquez; 2003）；另一方面，金融创新提升了银行业信息资源共享的能力，使金融市场信息环境更加透明，银行差异化业务存在的空间逐渐降低，从而加剧了金融业的竞争。其次，数字金融作为一种技术应用，可以从技术应用对产业竞争的影响分析数字金融对银行业竞争的影响。数字金融作为数字化技术对银行业的竞争也存在两面性：一方面，数字技术的应用降低了银行业务的边际成本，有利于规模经济的形成，形成金融行业的垄断，从而降低了银行市场的竞争；另一方面，数字化技术的应用降低了金融行业的金融门槛，从而加剧了金融行业的竞争水平。

在实务层面，首先，从银行信息获取的角度来看，传统商业银行在金融行业中以提供货币流动性为主要业务内容，积累了较强的风险业务管理能力，在支付业务领域一直占据主导地位。而数字技术在金融领域的广泛应用，新兴的金融平台也能以较低的成本获取较多的用户信息，随着数字技术的应用，新型的支付平台更加高效、便利，积累了深厚的用户基础。这显著地改变了商业银行在支付领域的垄断地位。数字技术的应用不但削弱了商业银行的用户基础，而且降低了商业银行中间业务的利润率，所以数字金融会增加商业银行在支付领域的竞争水平。商业银行的业务开展需要广泛的用户信息。传统金融业务在用户信息以及维护方面一直占有优势地位，从而形成了金融行业的进入壁垒。而数字技术的广泛应用，用户信息数字化、全面化，数据可得性越来越强。而且数字技术的应用，使用户信息存储、传输以及更新成本越来越低，安全保障程度越来越高。所以，数字技术的应用降低了金融业的信息不对称程度，打破了金融业的信息壁垒（邱兆祥和勤，2008），降低了传统金融行业的优势垄断地位，加剧了金融行业的竞争水平（Dell，2001）。其次，从业务竞争的角度来看，一方面，数字金融对传统商业银行的业务具有补充效应，可以增加和完善传统商业银行业务服务范围；另一方面，数字金融和商业银行之间也存在着业务之间的竞争，竞争的加剧会推动商业银行服务更趋于便捷和高效，加速金融业市场化的进程以及进行数字化转型的压力，从而导致传统商业银行之间的竞争加剧。最后，数字技术的应用改变了商业银行竞争的形式和手段。以往传统商业银行主要通过增加物理网点展开业务的竞争，数字技术促进了商业银行的数字化转型，银行之间的竞争也由物理网点之间的竞争转变为数字技术之间的较量。所以数字金融在金融行业之间形成新的竞争领域（黄小军等，2019），改变了传统商业银行竞争态势，提高了商业银行之间的竞争激烈程度。

基于以上分析，提出本章对立假设 H6 – 1A、H6 – 1B。

H6 – 1A：数字金融的发展加剧了商业银行之间的竞争水平；

H6 – 1B：数字金融的发展降低了商业银行之间的竞争水平。

第二节

研究设计

一、样本来源及选择

本章所用数据中商业银行的相关数据主要来源于 Orbis Bank Focus

数据库。数字金融相关的数据主要来源于北京大学数字金融研究中心。国家级以及省级的相关宏观数据，主要来自于国家统计局；市级层面的相关宏观数据，主要来源于《中国城市统计年鉴》。剔除数据缺失的样本，最终得到 2011 ~ 2018 年 973 个样本。数据主要通过 Excel 和 Stata16.0 进行处理。

二、模型构建

借鉴崇（Chong et al.，2013）等、尹志超等（2015）的研究成果，构造模型（6.1），用于验证本章假设 H6 – 1A 和 H6 – 1B。

$$LERNER = \beta_0 + \beta_1 \ln DIFI + \beta_2 CREDIT + \beta_3 \ln GDP + \beta_4 FINDEP$$
$$+ \beta_5 CXCY + \beta_6 STRUC + \beta_7 GOV + \beta_8 OPE$$
$$+ \sum YEAR + \sum ID + \varepsilon \qquad (6.1)$$

其中，lnDIFI 代表数字金融发展水平，LERNER 代表商业银行竞争，具体计算见关键变量衡量部分。

三、关键变量衡量

（一）银行竞争水平的衡量

根据已有研究成果可知，银行业竞争目前的衡量指标主要有勒纳指数（LERNER）和赫芬达尔指数（HHI）。勒纳指数主要从银行的价格垄断势力来衡量银行的议价能力，所以主要是从价格的角度来衡量银行的价格性竞争特征。赫芬达尔指数主要从银行的物理网点的角度，来衡量银行竞争的结构性竞争特征。本章采用银行层面的勒纳指数（LERNER）作为银行竞争水平的衡量。具体指标构建如下：勒纳指数（LERNER），具体为：$LERNER_{i,t} = (P_{i,t} - MC_{i,t})/MC_{i,t}$。其中 $P_{i,t}$

为银行产出价格，为银行总收入与总资产比，$MC_{i,t}$ 为银行投入的边际成本。

（二）其他控制变量

乌吉达和土苏（Uchida and Tsutsu，2005）、郭峰和胡军（2016）等的研究成果，控制了信贷市场需求（CREDIT）、经济增长（lnGDP）、金融发展深度（FINDEP）、城乡收入差距（CXCY）、经济结构（STRUC）、政府干预（GOV）、经济开放程度（OPE）以及年度和个体变量。

第三节　实证分析与结果描述

一、主要变量含义及描述性统计

表 6 - 1 是主要变量的描述性统计结果，从中可知我国商业银行竞争水平平均值为 0.2317，标准差为 0.0072，这说明我国商业银行之间的竞争程度较高。最大值是最小值的 5 倍，这说明我国不同商业银行之间的竞争程度差异较大，我国银行业市场化进程有待进一步的加强。信贷市场需求（CREDIT）平均值为 0.3396，这说明我国信贷市场需求呈上升趋势；而标准差为 3.7476，最小值为 - 0.9412，最大值为 0.6931，这说明我国不同省市之间信贷需求差异较大。造成这一现象的原因可能是我国不同省市之间金融行业和经济发展水平差异较大，导致不同省市之间贷款需求具有显著的差异。金融发展深度（FINDEP）指标最大值与最小值相差约 32 倍，依然可以看出我国不同省市之间金融发展深度具有显著的差异。

表 6 - 1　　　　　　　　主要变量含义及描述性统计

变量描述	变量计算	变量符号	均值	标准差	最小值	最大值
银行业竞争水平	勒纳指数	LERNER	0.2317	0.0072	0.0792	0.3817
信贷市场需求	（本年年末贷款余额 - 上一年度年末贷款余额）/ 上一年度年末贷款余额	CREDIT	0.3396	3.7476	- 0.9412	0.6931
经济增长	年度人均 GDP 取对数	lnGDP	10.7428	0.4412	8.9442	11.5921
金融发展深度	年末存贷款余额总和占 GDP 比重	FINDEP	3.1103	1.2352	0.2719	8.7012
城乡收入差距	城镇居民可支配收入/农村居民可支配收入	CXCY	2.8631	0.3916	1.8271	3.3679
经济结构	第二产业增加值占地区 GDP 比重	STRUC	0.4567	0.0912	0.2047	0.5857
政府干预	《中国分省份市场化指数报告》中的"政府与市场关系"指标的负值	GOV	- 5.7227	1.8301	- 9.2840	- 1.7541
经济开放程度	（地区出口额 × 当年平均汇率）/地区名义 GDP	OPEN	0.0588	0.1031	0.0000	0.4982

二、多元线性回归及分析

为了验证数字金融发展水平对商业银行竞争程度的具体影响效应，将模型中的各变量代入模型（6.1）中，多元回归结果如表 6 - 2 所示。

表 6 - 2　　　　数字金融对商业银行竞争水平影响的多元回归

变量	LERNER
lnDIFI	- 0.9855 *** （ - 5.9842 ）
CREDIT	0.0062 （1.2721）

变量	LERNER
lnGDP	-0.0243 (-1.0018)
FINDEP	0.0213*** (4.8784)
CXCY	0.0051 (0.8742)
STRUC	-0.1986*** (-4.8632)
GOV	-0.0996 (-1.4219)
OPEN	0.0328* (1.7988)
常数项	2.6729*** (4.9097)
年度个体	已控制
R^2	0.1842
样本量	973

注：（1）***、**、*分别表示在1%、5%、10%水平上显著；（2）括号内为 t 值；（3）年度、个体变量已控制，结果未列示。

在表6-2中列示了数字金融发展水平对商业银行竞争影响的多元回归结果。可以看出解释变量商业银行竞争水平（LERNER）与数字金融发展水平（lnDIFI）在1%水平上显著为负。回归结果说明在控制了其他因素的影响后，数字金融发展水平越高，商业银行竞争程度越强。实证结果证明了本章假设 H6-1A。可能的原因是：一方面，数字金融作为金融创新，商业银行利用创新增强了竞争优势，而且数字化技术的应用降低了金融行业的金融门槛，从而加剧了金融行业的竞争水平。另一方面，数字技术的应用削弱了商业银行在用户基础方面的垄断地位，降低了商业银行中间业务的利润率，提高了商业银行在支付领域的竞争水平。而且数字金融和商业银行的业务竞争，推动了银行服务更趋于便捷和高效，加速了金融业市场化的进程以及进行数字化转型的压力，从而导致传统商业银行之间的竞争加剧。数字技术的应用在金融行业之间形成新的竞争领域（黄小军等，2019），改变了传统商业银行竞争态势，提高了商业银行之间的竞争激烈程度。

三、稳健性检验

为了保证研究结果的稳健性，在模型建立阶段对模型中变量的共线性问题进行了测试，模型的变量之间不存在严重的共线性问题。在多元回归阶段，对模型中变量的方差膨胀因子进行了检测，多元回归变量的平均膨胀系数均在 2 左右。这说明书中的变量选取较为合理。同时在多元回归阶段，对模型中的连续变量进行去中心化处理。减少由于数据本身带来的变量之间的多重共线性。除了进行上述的检验和处理外，本章还进行了以下稳健性检验。

（一）改变银行竞争程度指标的衡量

根据现有研究成果，银行竞争程度指标的衡量有多种方法。除了前文选取的勒纳指数（LERNER）作为银行竞争程度的代理变量，还可以采用赫芬达尔指数（HHI）。所以用赫芬达尔指数（HHI）作为辅助代理变量，进行稳健性检验，结果见表 6－3。从表 6－3 中可以看出数字金融发展水平与银行竞争程度依然为显著的负相关。

表 6－3　　　　　　　　　　　稳健性检验 1

变量	HHI
lnDIFI	－ 0. 7554 *** （3. 8265）
CREDIT	0. 0032 （0. 7194）

变量	HHI
lnGDP	− 0.0543 * (− 1.7311)
FINDEP	0.0755 *** (5.9162)
CXCY	0.0065 (0.3489)
STRUC	− 0.6443 *** (− 7.8154)
GOV	0.0654 (0.7635)
OPEN	0.0854 * (1.7025)
常数项	1.7419 *** (2.8531)
年度个体	已控制
R^2	0.2913
样本量	973

注：（1）***、**、*分别表示在 1%、5%、10% 水平上显著；（2）括号内为 t 值；（3）年度、个体变量已控制，结果未列示。

（二）内生性检验

数字金融的发展水平会对商业银行的竞争程度产生显著的影响。但同时，金融业的竞争程度也会影响商业银行应用数字金融进程。所以说，数字金融的发展水平和商业银行的竞争程度可能存在互为因果的关系。某省市的数字金融发展水平和金融行业的竞争程度也可能会受到相同因素的影响。为了保证研究结论的稳健性，参考邱晗等（2018）的研究方法，用互联网普及率（INT）作为数字金融发展水平的工具变量进行多元回归，回归结果见表6-4。从表6-4中可以看出数字金融对商业银行竞争的影响依然稳健。

表6-4　　　　　　　　　　稳健性检验2

变量	(1)	(2)
	lnDIFI	LERNER
INT	0.2689 *** (3.7544)	− 0.2341 ** (− 2.0456)
CREDIT		− 0.0053 * (− 1.7554)
lnGDP		− 0.0855 ** (− 2.0553)
FINDEP		0.0321 *** (2.8523)
CXCY		− 0.0075 (− 1.5319)
STRUC		− 0.9731 *** (− 4.9731)
GOV		0.0431 * (1.8525)
OPEN		0.0642 (1.2007)
常数项		0.4214 *** (6.8742)
年度个体		已控制
R^2		0.1679
样本量		843

注：(1) ***、**、* 分别表示在1%、5%、10%水平上显著；(2) 括号内为 t 值；(3) 年度、个体变量已控制，结果未列示。

109

进一步研究

一、数字金融不同维度对商业银行竞争程度的影响

北京大学数字金融研究中心在衡量数字普惠金融发展程度时，从数字金融覆盖广度、使用深度以及数字化程度三个方面进行构建。覆盖广度基于互联网金融服务的线上用户人数来反映数字金融替代传统金融行业服务客户的范围。使用深度则基于服务类型、人均交易次数以及金额等角度反映数字金融对服务客户在业务层面的触及深度。数字化程度从移动化、实惠化、信用化以及便利化四个角度反映了数字金融可数据化度量的程度。数字金融对商业竞争程度产生了显著的影响，那么数字金融的覆盖广度、使用深度以及数字化程度分别会对商业银行竞争程度产生什么样的影响效应值得深入地探讨。将数字金融覆盖广度（Coverage_breadth）、使用深度（Usage_depth）以及数字化程度（Digitization_level）带入模型（6.1）中进行多元回归，回归结果见表6-5。

表6-5 数字金融三个维度对商业银行竞争程度的影响研究

变量	(1) LERNER	(2) LERNER	(3) LERNER
Coverage_breadth	-0.0039 ** (-2.2953)		
Usage_depth		-0.0009 *** (-2.5680)	
Digitization_level			-0.0004 (-1.0456)
CREDIT	-0.0003 (-1.3119)	-0.0002 (-0.9863)	-0.0001 (-1.4219)

变量	(1)	(2)	(3)
	LERNER	LERNER	LERNER
lnGDP	−0.0986 (−1.0214)	0.0083 ** (2.1719)	−0.0079 ** (−2.0523)
FINDEP	0.0291 *** (4.6436)	0.0412 *** (3.7634)	0.0274 *** (7.6705)
CXCY	−0.0069 (−1.0742)	−0.0062 (−1.0975)	−0.0091 (−0.6539)
STRUC	−0.3613 *** (−2.7953)	−0.2912 *** (−8.1985)	−0.0074 *** (−5.0997)
GOV	−0.0089 * (−1.7164)	−0.0074 * (−1.6947)	−0.0093 * (−1.8424)
OPEN	0.0321 (1.0864)	0.0642 * (1.7523)	0.0642 (1.589)
常数项	0.0987 *** (5.9856)	0.0960 *** (2.9754)	0.5421 *** (4.9864)
年度个体	已控制	已控制	已控制
R^2	0.0964	0.1216	0.1064
样本量	973	973	973

注：（1）***、**、*分别表示在1%、5%、10%水平上显著；（2）括号内为t值；（3）年度、个体变量已控制，结果未列示。

从表6-5可以看出，数字金融覆盖广度（Coverage_breadth）与商业银行竞争程度在5%的水平上显著为负，这说明数字金融覆盖广度显著地增加了商业银行的竞争。同样的数字金融使用深度（Usage_depth）与商业银行竞争程度也在1%的水平上显著为负，这说明数字金融使用深度（Usage_depth）也显著地提升了商业银行的竞争程度。而从回归结果来看，暂没有发现数字金融数字化程度（Digitization_level）影响商业银行竞争程度的证据。综合来看，数字金融三个维度的衡量指标中，数字金融的覆盖广度对商业银行竞争的影响最大，数字金融的覆盖深度对商业银行竞争的影响次之。研究结论可能的经济含义为，数字金融的覆盖广度有效地提升了金融服务的辐射范围和普及率，这说明数字金融的"规模经济"会直接影响传统金融行业的竞争程度。同样地，数字金融的覆盖深度从业务的角度影响了传统商业银行的竞争程度，这说明数字金融业务的使用显著提升了商业银行的竞争程度。所以数字金融从技术及业务的角度都会影响传统商业银行的竞争程度。而数字化程度没有对商业银行竞争造成影响，可能的原因是：商业银行在数字金融大力发展之前，已持续完成了网上银行、手机银行的建设和优化，传统网点银行存在的不能移动化、不便利化等缺点基本得到了改善，所以数字金融的数字化程度对商业银行的竞争的影响较小且不显著。

二、数字金融对商业银行竞争程度影响的作用机制检验

数字金融的发展会对商业银行的传统业务产生较大的影响，如前所述，数字金融从技术及业务层面对传统商业银行的竞争产生了影响。首先，数字金融平台更便捷、灵活且收益高，用户基础较好，会吸收较多的居民存款业务，这会对商业银行的传统存款业务造成一定的影响。对于商业银行来说，传统的存款业务是商业银行主要的负债来源，具有成本低、稳定性强的优点。而数字金融会使商业银行的传统存款业务总额降低，导致商业银行负债融资成本的提升。同时，为了获得负债融资，商业银行会提高理财产品收益率以及存款业务的利率，这都将降低商业银行的净息差。其次，数字金融对商业银行传统业务的冲击，会提升商业银行非利息收入在银行总收入中的占比。基于交叉补贴理论，商业银行会通过降低贷款利率或提高存款利率来吸引客户，进而营销商业银行的中间业务以获取收入，这也会导致商业银行净息差的降低。最后，数字技术在金融行业的应用，客户信息在互联网上大量的数据化沉淀，改善了商业银行的信息环境。传统的商业银行贷款业务手续繁杂、用时较长，而数字金融具有便捷、成本低等优点，所以数字金融服务会吸引更多的贷款业务，而贷款是传统商业银行收益较高的业务，数字金融的出

现会降低商业银行贷款业务的份额，减少商业银行的贷款收入，从而降低商业银行的净息差。商业银行的净息差规模反映出商业银行生息资产的盈利能力，对于商业银行的竞争力至关重要。那么数字金融对商业银行竞争程度的影响是否是因为数字金融降低了商业银行的净息差而导致的呢？需要进行进一步的验证。借鉴傅顺和裴平（2022）的研究成果，建立模型（6.2）。

$$NIM_{i,t} = \beta_0 + \beta_1 \ln DIFI + \beta_2 NIM_{i,t-1} + \beta_3 CR + \beta_4 MA + \beta_5 COST$$
$$+ \beta_6 ETA + \beta_7 GDP + \beta_8 M_2 + \sum YEAR + \varepsilon \qquad (6.2)$$

其中，$NIM_{i,t}$ 表示 i 银行第 t 年的净息差，CR 代表商业银行的信用风险，MA 为衡量商业银行管理能力的指标。COST 代表商业银行的运营成本、ETA 代表商业银行的风险厌恶程度。而 GDP 和 M_2 则从宏观的角度控制了国内经济发展水平和货币政策。回归结果见表 6 - 6 所示。

表 6 - 6　　　　数字金融影响商业银行竞争程度水平的作用机制检验

变量	(1)	(2)
	$NIM_{i,t}$	LERNER
lnDIFI	− 0.0817 *** (− 4.0754)	− 0.1951 * (− 1.7356)
$NIM_{i,t}$		0.0485 ** (2.2591)
$NIM_{i,t-1}$	0.5988 *** (2.9043)	
CR	− 0.1842 ** (− 2.2185)	
MA	− 0.0243 *** (− 5.8530)	
COST	0.2954 *** (3.5452)	
ETA	4.0986 ** (1.9942)	

变量	(1) NIM$_{i,t}$	(2) LERNER
GDP	0.0691** (2.0612)	
M$_2$	-0.0214** (-2.1976)	
CREDIT		-0.0039 (-1.2439)
lnGDP		-0.0791** (-2.0234)
FINDEP		0.0291*** (2.7948)
CXCY		-0.0068 (-1.0974)
STRUC		-0.8553*** (-4.7958)
GOV		0.0253* (1.7047)
OPEN		0.0443 (1.0885)
常数项	0.7531* (1.9063)	0.3610*** (3.9782)
R^2	0.1425	0.1701
样本量	794	794

注：（1）***、**、*分别表示在1%、5%、10%水平上显著；（2）括号内为t值；（3）年度、个体变量已控制，结果未列示。

表6-6中第（1）列列示的是数字金融（lnDIFI）对商业银行净息差（NIM）影响的多元回归结果。在控制了其他因素的影响后，数字金融发展水平对商业银行净息差的回归系数在1%的水平上显著为负。这说明数字金融发展水平越高，商业银行净息差越低（NIM）。表6-6中第（2）列是商业银行净息差（NIM）对商业银行竞争程度（LERNER）影响的多元回归结果。在控制了其他影响因素后，商业银行的竞争程度

（LERNER）与其净息差（NIM）在1%的水平上显著正相关。索贝尔（Sobel，1982）中介效应检验显著通过。这说明商业银行净息差（NIM）越低，商业银行竞争程度指标也越小，即商业银行的竞争程度越高。可以看出，数字金融发展水平会通过影响商业银行净息差影响商业银行的竞争程度。同时，在表6-6的第（2）列中，数字金融发展水平对商业银行的竞争程度的影响依然在10%的水平上显著，这说明商业银行净息差是数字金融发展水平影响商业银行竞争程度的部分中介作用机制。

三、数字金融对商业银行竞争程度影响的异质性检验

（一）基于商业银行区域的异质性检验

由于地理位置以及政策导向的差异，我国东中西部地区经济发展具有显著的差异。而东中西部经济发展差距及其发展趋势是近年来我国经济发展亟须解决的主要矛盾。为了促进区域均衡发展，国家针对性地提出中部崛起、西部大开发等一系列战略举措，中西部地区经济发展取得了一定的成就。从理论上来讲，数字技术可以打破经济发展的区域"瓶颈"，对经济发展较为落后的区域更具有促进作用。那么数字金融是否突破了区域的限制，改善了经济落后区域的资金配置效率呢？若数字金融对中西部地区商业银行的竞争程度的影响显著地大于对东部地区商业银行竞争程度的影响，则说明数字金融具有显著的空间地理效应。为了检验数字金融的这一效应，将样本中的商业银行按照所在区域进行划分，设置虚拟变量 Area，当样本中的商业银行所在区域为东部地区的取值为1，否则取值为0。具体的回归方程如模型（6.3）所示。多元回归结果如表6-7所示。

$$
\begin{aligned}
LERNER = {} & \beta_0 + \alpha_1 \ln DIFI \times Area + \alpha_2 Area + \beta_1 \ln DIFI + \beta_2 CREDIT \\
& + \beta_3 \ln GDP + \beta_4 FINDEP + \beta_5 CXCY + \beta_6 STRUC \\
& + \beta_7 GOV + \beta_8 OPE + \sum YEAR + \sum ID + \varepsilon \quad (6.3)
\end{aligned}
$$

表 6 – 7   数字金融对商业银行竞争程度影响的区域差异检验

变量	LERNER
lnDIFI × Area	– 0. 3011 (1. 4829)
Area	– 0. 2104 *** (– 3. 0162)
lnDIFI	– 0. 4627 *** (– 3. 6802)
CREDIT	0. 0046 (1. 3126)
lnGDP	– 0. 0192 (– 1. 529)
FINDEP	0. 0193 *** (3. 4019)
CXCY	0. 0038 (0. 7912)
STRUC	– 0. 1738 ** (– 1. 997)
GOV	– 0. 0892 (– 1. 3919)
OPEN	0. 0294 * (1. 7088)
常数项	1. 0238 *** (4. 3012)
年度个体	已控制
R^2	0. 2011
样本量	973

注：（1）***、**、* 分别表示在 1%、5%、10% 水平上显著；（2）括号内为 t 值；（3）年度、个体变量已控制，结果未列示。

从表 6 – 7 中可知，在控制了其他因素的影响后，数字金融与区域虚拟变量的交乘项（lnDIFI × Area）与商业银行竞争程度（LERNER）

的多元回归结果并不显著。所以没有找到数字金融对商业银行竞争程度影响具有显著区域差异的证据。这说明现阶段数字金融的发展并没有突破区域的限制，也暂时没有显示出技术优势。可能的原因是，数字金融虽然具有方便快捷、成本低等众多的优势，但是现阶段仍旧以追求利润为主。数字金融的发展水平与区域经济的发展程度具有直接的关系。目前主要在发展程度更高的区域寻求发展空间。所以从一定程度上来说，数字金融是商业银行传统业务创新的延续，其发展与现有商业银行呈现出显著的空间聚集效应（郭峰和王瑶佩，2020）。综上所述，虽然数字金融能够从一定程度上促进区域经济的增长（林木西和肖宇博，2022），但是从其对商业银行竞争程度区域异质性的影响结果可知，数字金融在改善区域经济发展不均衡方面尚未发挥出明显的优势。

（二）基于商业银行产权性质的异质性检验

随着我国经济的不断发展，我国银行业也不断地转型。转型的主要目的一方面是为了银行业的市场化经营，另一方面是为了拓宽银行资本金的来源渠道，降低市场化和体制外因素对传统商业银行的冲击。在此改革背景下，股份制银行应运而生，股份制银行是我国探索金融体制改革的阶段性产物，与传统商业银行相比，具有灵活、业绩弹性大等特点。近年来，我国金融市场逐步完善，金融行业的改革也有了进一步的发展，允许民间资本和国外资本进入我国的金融行业，非国有银行的数量和比重也逐步地提升。国有商业银行与国有企业相似，都承担着国家的"政治任务"，相比于非国有商业银行的趋利性，国有商业银行主要是为配合国家宏观调控政策的执行、服务经济社会的发展等（Brei and Schclarek，2015）。所以，国有商业银行在业务上并不依据经济利润目标和风险导向原则。因为国有商业银行在国民经济中的特殊角色，与非国有商业银行相比，国有商业银行会获得更多的支持。且国有商业银行因为有国家作为后盾，风险更低（Barry et al.，2011）。那么，数字金融的发展对国有商业银行和非国有商业银行竞争程度的影响是否具有差异，需要进一步的检验。为了检验数字金融对商业银行的产权性质差异，将样本中的商业银行按照产权性质划分，设置虚拟变量 Equity，当样本中的商业银行为国有商业银行时取值为 1，否则取值为 0。具体的回归方程如模型（6.4）所示。多元回归结果如表 6 - 8 所示。

$$LERNER = \beta_0 + \alpha_1 lnDIFI \times Equity + \alpha_2 Equity + \beta_1 lnDIFI$$

$$+ \beta_2 CREDIT + \beta_3 lnGDP + \beta_4 FINDEP + \beta_5 CXCY$$

$$+ \beta_6 STRUC + \beta_7 GOV + \beta_8 OPE + \sum YEAR + \sum ID + \varepsilon$$

$$(6.4)$$

表 6 - 8   数字金融对商业银行竞争程度影响的产权差异检验

变量	LERNER
lnDIFI × Equity	0. 8331 ** (2. 192)
Equity	0. 1938 *** (2. 9331)
lnDIFI	− 0. 3947 *** (− 3. 1339)
CREDIT	0. 0016 (0. 7654)
lnGDP	− 0. 0023 (− 1. 4922)
FINDEP	0. 0184 ** (2. 1386)
CXCY	0. 0044 (1. 4842)
STRUC	− 0. 0134 * (− 1. 8367)
GOV	− 0. 0484 (− 0. 9231)

变量	LERNER
OPEN	0.0294 ** (2.1058)
常数项	0.4823 *** (7.3749)
年度个体	已控制
R^2	0.2106
样本量	973

注：（1）***、**、*分别表示在1%、5%、10%水平上显著；（2）括号内为 t 值；（3）年度、个体变量已控制，结果未列示。

从表6-8中可知，在控制了其他因素的影响后，数字金融和商业银行产权性质变量的交乘项（lnDIFI × Equity）与商业银行竞争程度（LERNER）在5%水平上显著为正。这说明在一定的数字金融发展水平下，国有商业银行比非国有商业银行的竞争程度低。也就是说数字金融对国有商业银行竞争的影响小于对非国有商业银行竞争的影响。可能的原因是，在数字金融的冲击下，我国商业银行的整体竞争程度增加，但是国有商业银行因为其在国家经济中特殊的地位以及政治角色，数字金融对其影响较小，而对非国有商业银行的影响更大。

（三）基于商业银行规模的异质性检验

在我国商业银行的规模具有较大的差异。银行的规模不同，面临技术冲击时的反应也不同，数字金融对不同规模商业银行的影响也会不同。一方面，规模较大的商业银行，一般具有较为复杂冗长的组织结构，面临数字技术时，信息传递较慢、决策链条长，不能及时调整银行战略决策。相反的，规模较小的银行，组织结构一般比较简单，信息传递和决策调整较快，能够更快地适应数字金融对金融行业新要求。另一方面，规模较大的银行一般受到国家更多的约束，承担着更多配合国家经济发展的要求（马草原和李成，2013）。目前，我国大力发展数字金融，大银行更应该响应国家政策，积极探索数字金融的应用。可以看出，从不同的角度，规模较大的商业银行和规模较小的商业银行在面临数字金融时具有显著的差异。而数字金融对规模不同的商业银行竞争的影响，也将存在较大的差异。为了验证数字金融对规模不同商业银行竞争的影响，对样本中的银行按照商业银行规模中位数进行分组，设置虚拟变量 SIZE，当商业银行规模大于中位数时取值为 1，否则为 0。具体的回归方程如模型（6.5）所示。多元回归结果如表 6 - 9 所示。

$$LERNER = \beta_0 + \alpha_1 \ln DIFI \times SIZE + \alpha_2 SIZE + \beta_1 \ln DIFI + \beta_2 CREDIT$$
$$+ \beta_3 \ln GDP + \beta_4 FINDEP + \beta_5 CXCY + \beta_6 STRUC$$
$$+ \beta_7 GOV + \beta_8 OPE + \sum YEAR + \sum ID + \varepsilon \qquad (6.5)$$

表 6 - 9   数字金融对商业银行竞争程度影响的规模差异检验

变量	LERNER
lnDIFI × SIZE	0.0491 * (1.7492)
SIZE	0.0639 *** (2.7931)
lnDIFI	- 0.2854 ** (- 2.1647)
CREDIT	0.0009 (0.9532)
lnGDP	- 0.0017 (- 1.5104)
FINDEP	0.0182 *** (4.3168)
CXCY	0.0067 * (1.7819)
STRUC	- 0.0236 ** (- 2.2814)

变量	LERNER
GOV	− 0.0391 (− 1.4219)
OPEN	0.02397 ** (2.3041)
常数项	0.5210 *** (4.8530)
R^2	0.1762
样本量	973

注：（1）***、**、*分别表示在1%、5%、10%水平上显著；（2）括号内为 t 值；（3）年度、个体变量已控制，结果未列示。

从表 6−9 中可知，在控制了其他因素的影响后，数字金融和商业银行规模变量的交乘项（lnDIFI×SIZE）与商业银行竞争程度（LERNER）在 10% 水平上显著为正。这说明在一定的数字金融发展水平下，规模较大的商业银行比规模较小商业银行的竞争程度低。也就是说数字金融对规模较大的商业银行竞争的影响小于对规模较小商业银行竞争的影响。

第五节

本章小结

本章主要分析了数字金融发展水平对商业银行竞争程度的影响。研究发现，数字金融发展水平越高，商业银行的竞争程度也越高。在进一步研究中，首先，推理并验证了数字金融不同维度对商业银行竞争的影响。研究发现，数字金融覆盖广度、数字金融使用深度显著地提升了商业银行的竞争程度，没有发现数字金融数字化程度影响商业银行竞争程度的证据。其次，对数字金融影响商业银行竞争程度作用机制进行了推理和检验，研究发现数字金融可以通过影响商业银行的净息差影响商业银行的竞争程度。最后，还从银行异质性的角度研究了数字金融发展对商业银行竞争程度影响结果的差异。研究发现，数字金融对商业银行竞争程度的影响，对东部地区的商业银行、非国有商业银行以及规模较小的商业银行影响较大，而对中西部地区、国有商业银行以及规模较大的商业银行影响较小。

数字金融发展水平越高，商业银行的竞争程度也越高。研究结果揭示了：数字金融作为数字技术在金融领域的应用，金融创新不但降低了金融行业的门槛，而且打破了传统商业银行的用户基础，削弱了商业银行原有的垄断地位，推动了商业银行市场化的进程，导致传统商业银行之间竞争程度的加剧。而数字金融不同维度对商业银行竞争的影响，说明了数字金融的"规模经济"会影响商业银行的竞争程度。而且数字金融可以从技术和业务的两个角度影响传统商业银行的竞争程度。研究还发现数字金融通过净息差影响商业银行的竞争程度。这说明数字金融发展水平越高，商业银行的存款业务会受到影响，会提高商业银行的融资成本。同时会影响商业银行理财产品收益率和存款业务的利率，导致商业银行理财产品收益率和存款业务的利率提高，从而降低了商业银行的净息差。在对商业银行异质性的检验中，数字金融对商业银行的影响在东部地区更加显著，这说明数字金融具有趋利性，具有显著的空间地理效应，还没有突破区域的限制。数字金融对商业银行竞争的影响在非国有商业银行与规模较小商业银行中更加显著。虽然我国商业银行的整体竞争程度增加，但是国有商业银行以及大规模的银行，因为其在国家经济中特殊的地位以及政治角色，数字金融对其影响较小，而对非国有商业银行及小规模商业银行的影响更大。

第七章
数字金融背景下商业银行风险管理对策和建议

在本书的前部分章节中，对数字金融发展水平与商业银行风险承担水平、稳健性以及竞争程度之间的关系进行了理论推理和实证检验，并对数字金融发展水平影响商业银行行为的作用机理和治理机制进行了分析和验证，主要涉及商业银行存款结构、风险承担水平、净息差以及商业银行规模、产权性质、区域特征以及商业银行类型等对数字金融发展水平与商业银行行为关系的影响。前面的研究有助于梳理我国商业银行内部治理和外部监管目前尚存在的问题，也为本章提出数字金融背景下商业银行风险信息外部监管和内部治理机制提供了坚实的理论支撑和经验验证。基于前面的研究结论，结合我国目前商业银行风险监管政策以及数字金融监管政策，提出本书的主要观点。本书认为，目前我国金融体系仍处在深化改革、防范化解金融风险的重要时期，这决定了商业银行风险监管必须由国家监管部门牵头制定正式的监管制度；同时商业银行风险管理属于银行的个体行为，外部监管很难达到风险信息充分、及时披露的目的，因此内部治理和第三方监督对完善商业银行风险信息的披露数量和质量具有关键性的作用。在本章中将对我国商业银行风险管理的内部治理机制以及外部监管机制进行初步探索。

第一节　商业银行风险管理的重要性

一、商业银行风险管理的现状

"风险管理"最早是由梅尔和霍斯奇（1963）在《企业的风险管理》一书中提出的。他们指出企业风险管理属于管理科学的内容，是企业在运营和管理中重要的工作，可以降低企业风险对企业经营和可持续发展的影响，企业需要采取一定的措施分析和防范企业风险，采取策略实现企业风险回避和转移。随着企业风险管理理论的不断发展，卡明斯（Cummins，1976）将风险管理与传统的企业理论相结合运用现代经济学的分析方法来确定风险管理的最优策略，从而使风险管理融入金融市场理论中并成为金融学的一个重要领域。商业银行作为一种特殊的企业，本身就有经营风险，并且深受周围经济环境的影响，单纯的银行内部控制很难达到支持风险管理的要求，必然要求银行管理层从战略高度调动银行资源、研究风险特性、度量风险危害程度、采用管理手段，也就是说要通过银行内部治理来化解风险。

随着全球经济发展速度放缓，企业的高质量发展成为未来发展的主要方向。商业银行作为资本市场中的特殊企业，不但自身的生存和高质量发展至关重要，而且还关系着整个资本市场以及实体经济的健康有序发展。所以，商业银行风险防控和化解是近年来学术界和实务界一直关注的重点，有关商业银行风险管理的研究也越来越多。尤其是金融科技的广泛应用，为金融体系注入活力的同时，也增加了商业银行的整体风险水平。数字金融的发展，一方面影响商业银行个体的行为和风险，主要表现在影响银行的利润（戴国强等，2014）、商业银行资产风险水平（沈珊珊等，2019）、商业银行的全要素生产率（董倩，2018）、商业银行的风险承担水平（沈悦等，2015）和风险承担意愿（郭品和沈悦，2019）；另一方面影响商业银行行业的整体的行为和风险，主要表现在促进商业银行的转型（姜增明等，2019）、加剧银行业的竞争、提高了商业银行的风险管理水平（邱晗等，2018）。商业银行经营的外部环境日益复杂，一旦宏观经济环境发生剧变，风险很容易从单家银行传导至其他金融主体，进而也会影响我国实体经济以及资本市场的稳定。从已有研究可以看出，数字金融对商业银行的影响是多方面的，促进商业银行发展的同时，也影响了商业银行的风险水平和风险承担意愿。从实务中来看，2022 年 6 月 17 日，中共中央政治局召开会议审议《关于十九届中央第八轮巡视金融单位整改进展情况的报告》。会议强调"要坚持和加强党对金融工作的领导，防范化解金融风险，深化改革创新，以动真碰硬的狠劲、一抓到底的韧劲，持续压实整改主体责任和监督责任，从政治上、思想上、组织上、作风上、纪律上全面强化严的氛围，推动金融单位党委（党组）全面抓好整改落实，建立常态化长效化机制，把巡视整改融入日常工作、融入深化改革、融入全面从严治党、融入班子队伍建设，为金融业健康发展提供坚强政治保障。"2021 年中国人民银行出台的《宏观审慎政策指引》首次在官方层面上将系统性金融风险明确定义为："可能对正常开展金融服务产生重大影响，进而对实体经济造成巨大负面冲击的金融风险。"2017 年习近平在全国金融工作会议上明确指出"金融是国家重要的核心竞争力，金融安全是国家安全的重要组成部分，金融制度是经济社会发展中重要的基础性制度"，并强调"把主动防范化解系统性金融风险放在更加重要的位置，科学防范，早识别、早预警、早发现、早处置"。可以看出，防止发生系统性金融风险是金融工作的永恒主题。无论是从学术研究成果还是在资本市场以及我国经济的实际运行中，都说明在数字金融背景下商业银行风险管理十分得重要。

商业银行风险管理理论从 20 世纪 60 年代的资产风险管理理论开始，发展至今，经历了负债风险管理理论、资产负债风险管理理论、全面风险管理理论的演变过程。就目前我国商业银行风险管理存在的问题来看，我国商业银行风险管理还有较大的提升空间。究其原因主要是金融科技的发展和应用过快，而与其相匹配的监管体系还未完善，导致商业银行风险管理缺乏内外部的监督和治理机制。从表面上看这只是极少数商业银行风险管理失败的案例，其实就商业银行自身而言，这是商业银行风险管理内外部监管制度不完善带来的巨大风险。而从监管的角度来说，这是我国目前需要重点监管和防范的重要金融风险。

二、商业银行风险管理内部治理现状

我国商业银行类型不同，内部治理体系也不相同。从治理架构上来看，大型国有商业银行建立了以股东大会、董事会、监事会和高级管理层为中心的"三会一级"的公司治理架构。在长期有效的监管之下，大型商业银行形成了自主经营、独立运作、相互配合与制衡的运营模式，已经成为资本市场稳健运行和获得稳定分红的保障。但是高国有股权占比削弱了股东与董事会的风险监督职能。大型商业银行的薪酬机制有待进一步优化。"限薪令"的实施，忽视了薪酬的激励作用。在商业银行获得合理的风险回报的经营模式下，很容易出现风险监管不足、风险积聚，导致商业银行风险的增加。目前国有商业银行独立董事一般实行固定薪酬制度，且近些年并没有显著增加的趋势，独立董事激励不足，导致独立董事的监督职能发挥会受到一定的约束。我国股份制商业银行也逐步建立了较为完善的公司内部治理体系。和国有商业银行相比，股权更加多元化，强调不同股权利益主体的制约。通过战略投资的引入，治理体系更加的现代化、社会化。股份制商业银行为了追求更高的经营效率，薪酬激励强度较大，这很容易导致股份制商业银行在经营过程中承担更大的风险。股份制商业银行信息披露具有一定的选择，多以合规信息披露为导向，信息中的特质性信息含量较低，外部股东和大股东对商业银行真实风险评估不足，监管作用较弱。目前，我国的中小商业银行尚未建立较为完善的治理体系，而且地方性政府在中小商业银行的经营中占据了一定的控制地位，中小商业银行的独立性有待进一步加强。中小商业银行董事会成员的独立性较弱，较难发挥有效的制约作用。可以看出，我国不同类型的商业银行中，内部治理都还存在着一定的问题，良好的银行内部治理是高质量风险管理的制度基础，所以继续加强和完善我国商业银行的内部治理是防范金融风险的第一条防线。

三、商业银行风险管理外部监管现状

我国商业银行风险管理的起步较晚，在银行进行商业化改革时才有了初步的发展，而后逐渐地改进和完善。亚洲金融危机后，对商业银行风险管理的认识逐步地深入。我国开始要求商业银行增加资本金、管理资产负债的比重。商业银行风险管理外部监管发展至今，还具备较大的继续深化改革的发展空间。由于商业银行的风险意识较薄弱，同时我国商业银行的风险管理实践与经验还不充足，政府会给予一定的政策保护。在现行的金融体制下，商业银行承担风险的主体和边界并未界定清晰。例如，2022 年河南个别村镇银行出现"取款难"问题后，由河南银保监局、河南省地方金融监管局对储户进行先行垫付，虽然保证了商业银行客户的利益，能够降低公众对金融行业的不良印象，但是商业银行不能作为独立的经济主体承担经济责任，这对商业银行的健康有序发展将产生一定的影响，也不利于商业银行风险管理内部治理的提升，影响商业银行正常的风险管理活动和风险责任承担，增加商业银行风险和投机行为。此外，商业银行作为一个具有高壁垒的行业，有国家对商业银行给予信用担保，在一定程度上形成了垄断竞争市场，商业银行离市场化运营以及市场竞争中优胜劣汰法还较远，金融行业整体上来说缺乏市场竞争力。而且我国商业银行外部监管部门并未统一，除银保监会对商业银行实施监管以外，中国人民银行、财政部等都对商业银行实施一定程度的干预。多个监管部门会对商业银行的外部监管体系的发展和完善造成一定程度的干扰。目前对商业银行的监管还存在一定的盲点，且执法力度还有待进一步加强，才能够从外部监管提升商业银行风险管理意识和风险管理能力。我国经济发展初期，经济增长模式较为粗放，企业资金需求较高。但商业银行获取客户真实经营状况的渠道较少，信用体系不够完善，对企业的风险考核和评估不足，给商业银行带来了一定的损失，也增加了商业银行风险水平。

四、商业银行风险管理内部治理和外部监管的必然性

近年来，商业银行业务模式、风险特征、外部环境和监管重点发生显著变化。现行监管评级规则已不能完全适应监管工作需要，在评级流程、管理机制、内容方法和结果运用方面存在一定不足，亟待进行更新和完善。因此，出台更为完备的商业银行监管评级规则，充分反映当前银行风险特征和监管重点，增强监管评级工作的规范性和准确性，强化监管评级结果运用，引导商业银行进一步加强风险管理，既有必要性又有紧迫性。

从企业风险管理理论的发展来看，哈特和亚非（Hart and Jaffee，1974）从商业银行的视角，基于现代微观金融学提出了将银行所有资产和负债视为一种特定类型的证券组合来进行管理的理论框架。基于该理论框架将商业银行的资产和贷款分布从整体上看成投资组合。商业银行应该合理规划投资组合中资产和负债的配置，避免风险过大而导致的商业银行风险管理失败的概率。从对商业银行风险管理的认识变化中可以看出，商业银行的风险管理需要企业的内部治理与外部监管相结合。在我国经济高质量发展的重要阶段，商业银行的风险管理尤其的重要，在一定程度上决定着我国资本市场和经济发展的稳定。特别是当前金融科

技突飞猛进发展的重要阶段，对由于技术进步导致的商业银行新的风险进行有效地化解和防范更为重要。虽然市场具备自动进行调节的机制，但是从社会福利经济学的角度来看，适当的政府监管是十分必要的。公共利益管制理论为监管部门进行必要监管提供了坚实的理论基础。在市场不完全有效的情况下，政府监管可以优化市场效率，提高社会整体福利水平。而目前我国商业银行发展十分迅速，与之相应的外部监管还有待进一步加强。目前，我国商业银行风险管理和监管过程中暴露出了各种问题，这说明在我国金融行业目前的发展中，仅依赖市场机制制衡各个利益相关者之间的关系并不能化解目前金融体系中的各种潜在风险。我国的监管部门应及时加强和完善对商业银行风险管理的监管。

从目前我国资本市场和经济的发展来看，建立商业银行风险管理的内外部监管机制刻不容缓。随着金融科技的发展，商业银行生态环境日益复杂，如何在经营过程中兼顾发展和防范风险成为商业银行面临的重要挑战。金融科技的发展为商业银行提升风险管理能力提供了新的手段，同时对金融监管也带来了新的挑战。所以，提升商业银行的风险管理能力以及监管部门的监管力度具有重要的意义。数字金融与传统的金融模式不同，对网络信息技术的依赖更强。除了会对商业银行造成传统的风险以外，还会带来数字金融特有的风险。近年来，数字金融形式、渠道多样化发展迅猛，而目前我国尚未形成完善的与数字金融相应的监管制度和机制。金融监管一方面是规范金融行业的业务；另一方面也是保证金融市场进一步发展的外部监督机制。目前数字金融监管的包容性，虽然有利于促进数字金融业务的发展，但是未能形成有效的"安全空间"。金融创新业务不断地试探监管边界，所以金融监管也应该不断地调整监管框架和领域。对金融创新风险进行管控，建立健全全面有效的风险体系和制度迫在眉睫。政府监管行为是一种经济行为，同时也是一种政治行为，更是基于规范法制的法律行为。所以除了出台相关的制度和法规，必要的经济监管也很重要。

在我国经济高速发展的过程中，资本市场制度逐步完善是大势所趋。商业银行风险监管政策和内部治理环境的改善，有助于我国商业银行的健康有序发展和经济高质量发展。只有建立健全完善的外部监管制度和合理有效的内部治理机制，才能从根本上完善我国目前商业银行风险管理尚存在的问题。

第二节

数字金融背景下商业银行风险管理对策和建议

一、数字金融背景下商业银行风险管理的机遇与挑战

近年来，我国大数据、人工智能、云计算等数字技术快速发展，数字技术与金融体系也不断融合，催生了我国商业银行出现了新兴的金融业态，不但提高了我国商业银行的服务质量和效率，而且对我国金融体系和资本市场都产生了深刻的影响。且我国金融体系发展的经验和经济理论表明，科技与金融相结合，在提高金融服务效率的同时，也推动着金融体系的转型与变革。一方面，数字技术与金融行业的融合，是我国金融行业不断深化发展的规律和趋势，商业银行应积极推动金融业务向数字化和智能化转型；另一方面，应该遵循顺应市场、支持创新和优化监管的原则。在我国经济追求高质量发展的关键时期，数字经济在其中发挥了关键的经济稳定器的作用。数字金融作为一把"双刃剑"，给商业银行带来机遇的同时也带来了挑战。

（一）数字金融背景下商业银行风险管理的机遇

数字金融的发展有利于金融监管制度的变革。随着大数据、云计算、互联网＋、人工智能等不断与金融系统深入融合，数字金融越来越受到金融监管部门的重视。由于金融科技不断创新发展，数字化已经融

入了人们生活的各个方面，在数字金融的应用中，也逐步地暴露出许多问题，所以，为了保证数字金融更科学地发展，对其进行严格的监管尤其重要。目前，为了保持金融监管政策的连续性和稳定性，我国传统金融监管制度与数字金融的发展存在显著的滞后性。我国监管部门需要根据国内外金融发展对金融监管制度进行变革，制定科学的监管制度保证数字金融健康发展。同时，数字金融的发展有利于促进金融监管方式和方法的不断创新。数字金融借助数字化、科技化和网络化的优势，有效地发现和解决了数字金融发展过程中产生的新问题，创新了对数字金融的监管方式和方法。金融科技在金融监管中的应用，能够对数字金融进行较为全方位、多层次和多角度的监管。同时，数字金融的发展有助于金融监管工具的创新。2020 年，中国人民银行进行了监管试点，在我国 6 个市（区）进行金融科技创新监管试点的应用。在"风险防范"和"金融创新"之间寻求监管和发展平衡。为了应对数字金融的发展，我国金融监管正从被动监管转向主动监管、从静态监管转向动态监管、从规则监管转向原则监管。可以看出，金融科技的广泛应用有效地推进了我国金融监管工具的创新。

（二）数字金融背景下商业银行风险管理的挑战

数字金融给商业银行风险管理也带来了很多挑战。首先，数字金融的发展和应用不利于系统性金融风险的防范和控制。近年来，随着数字金融的发展，互联网金融不良事件层出不穷，主要的原因是，在数字金融背景下，市场参与者更加广泛，识别风险的能力较低，抗压能力也相对较弱，而且数字金融会使风险传导速度更快，呈现出跨行业和跨区域的显著特点。其次，数字金融的法律监管体系还存在一定的问题。目前对数字金融的监管我国还多以办法或者意见为主，而且对数字金融的监管主体复杂，不但有央行，而且有互联网金融协会等很多监管部门。缺少统一的、专门的监督机构，未形成健全的监管系统与法律体系。金融科技发展迅速，业务和产品更新换代速度快，但是新型业务和产品并未被及时纳入监管体系中。一些业务和产品游走于法规政策边缘，导致监管政策出现监管漏洞，无法有效地发挥监管功能。再次，数字金融应用于金融领域的各个方面，混业经营也成为金融行业的常态化发展趋势。不同业务的监管部门以及监管法规各不相同，所以出现了分业监管的现象，这不利于对数字金融实施有效的监管。因为分业监管政策目前还缺乏有效的协调机制，容易导致监管盲区的出现，进而增加金融风险出现的概率。数字金融发展过程中出现的新问题并未纳入金融监管政策框架内，进行有效监管缺乏监管依据，使监管效果大打折扣，这些问题对金融监管提出更高的挑战。最后，数字金融的发展带来更多的特殊风险挑战。例如，技术风险，数字技术是数字金融的基础。虽然我国数字技术发展十分迅速，但是仍存在加密技术有待提高、网络病毒多、平台端兼容性差等问题。信息安全风险也是当前数字金融背景下商业银行的主要风险之一。信息安全风险主要是由技术风险导致的，当平台遭受病毒的攻击或者工作人员操作不当时，可能造成客户信息的泄露或盗用，造成经济损失。数字金融也可能导致长尾风险的存在，数字金融服务的对象有一部分是传统金融难以获取的金融服务群体，而数字金融服务虽然扩大了受益客户的群体，但是由于长尾市场的客户本身存在的问题，导致长尾风险成为数字金融面临的风险之一。同时，数字金融可能会带来挪用风险、非法转移资金风险、套现风险、洗钱风险等。

二、数字金融背景下商业银行风险管理对策和建议

（一）数字金融背景下商业银行风险管理对策和建议

首先，加大信息技术建设投入，提高当前商业银行信息技术平台的安全性和可靠性，降低数字金融业务数据被窃取、泄露等风险。数字金融业务的发展，与传统金融业务相比，越来越依赖技术的发展和技术平台。信息技术建设是数字金融创新业务持续发展的基础保证。所以，为

了确保数字金融业务在满足开放性的条件下，不发生重大的网络信息技术安全事故，商业银行应该加强信息技术建设投入。

其次，根据商业银行自身业务，定制或者自行研发符合商业银行自身业务特点的支持平台。第三方支持平台虽然成本较低，但是技术风险较高，而且可能与商业银行自身业务匹配性差，不能提供有差异化的服务，导致商业银行数字金融业务相似性较强，不具备竞争力。除此之外，第三方平台的技术发展水平，可能成为制约商业银行业务创新的"瓶颈"。

再次，加强商业银行内部控制建设和风险化解能力建设。外部监管制度是商业银行重要的外部监管环境，同时商业银行的内部控制建设也尤其重要。内部控制作为企业强化管理、规避风险的自律行为，是外部监管法律法规发挥作用的重要保证。商业银行作为国家经济发展的重要支撑，也应该加强内部控制建设，从内外部两个方面保证商业银行新兴金融业务的风险可控性。建立健全金融创新业务的内部决策机制、风险评估机制和过程监督机制，内部风险点责任到人，实现外部有法可依、内部有制度可循、责任落实到人。风险防范化解能力，是控制商业银行金融风险的首道关卡，在提高金融业务创新能力的同时，注重风险防范化解能力的提升。制定风险模拟预测制度和风险应对机制，实现风险事前识别、预测和衡量，及时发现可能存在的重大风险并做出应对措施。

最后，注重人才培养，无论是金融业务的创新，还是金融风险的防范和控制，商业银行都需要专业的人才队伍。商业银行应该重视专业人才队伍的建设和培养，从内部选拔能力较强的人才进行继续培养，或者从外部聘任优秀的金融创新和风险管理人才，确保商业银行金融创新业务的持续发展和金融风险管理具有可持续的智力支撑。

（二）数字金融背景下金融监管体系的构建

金融业务的创新日新月异，政府监管部门应该制定完善的法律法规和制度，对金融业务实行审核、有条件准入以及经营监督等全过程的制度构建，使金融业务的创新在法律法规的框架下有序开展。根据目前我国数字金融的发展现状，结合近年来我国数字金融风险整治行动以及金融监管发展实践，从以下几个方面提出我国数字金融背景下金融监管意见和建议。第一，业务监管。我国金融行业业务监管一直以来始终坚持"凡是金融活动都须持牌经营、凡是金融业务都须纳入监管"的原则。数字金融作为新兴的金融业务模式，需要在已有监管制度和体系下对数字金融业务实施一致性的业务判断和监管。而且需要关注数字金融相关业务的模式及其风险点对相关的监管制度进行匹配地调整，对具有特殊风险的业务需要及时调整监管制度和要求。所以针对数字金融背景下的业务监管主要需要关注新兴业务的模式、市场准入、资金来源，以及安全、信息披露、客户信息安全等方面。第二，技术监管。数字金融作为数字技术在金融领域的应用，传统的技术监管主要针对操作风险。而数字金融带来的风险已不再是操作层面的风险，传统的金融监管技术和框架已不能完全识别和监控相应的风险。所以，需要针对数字金融带来的新的技术应用风险、平台风险、数据信息风险等，进一步明确并制定相应的监管制度。第三，竞争监管。根据前面的研究可知，数字金融的应用加剧了商业银行的竞争程度。一是金融监管需要按照一致性监管原则，对同类业务进行相同的监管，促进公平竞争，避免监管套利；二是需要对提供金融基础设施的平台进行相应的监管，应严格遵循相关的监管制度规则，避免由于服务平台问题导致的竞争风险的出现；三是对大型科技公司的监管。大型的科技公司容易利用平台、技术和客户优势形成市场垄断，依托垄断获得"信息租金"，扰乱金融市场的公平有序发展。第四，对数据的监管。在数字经济时代，数据和科技共同推动了金融行业的发展，但是网络数据的安全性和传递的隐蔽性又成为数字金融带来新风险的主要根源。客户数据信息泄露、过度采集数据、非法交易数据等问题在金融领域时有发生，加强对数据的监管也成为当前金融监管的重要任务之一。第五，金融创新的监管。金融创新形式日新月异，金融监管的步伐也需要加快，使金融创新在风险可控和范围可控的前提下开展，通过应用试点、产品测验、技术验证等方法保证金融创新的合法合规性，促进金融创新与监管的适度平衡，实现创新和监管的动态博弈平衡和良性循环。第六，金融监管科技的应用。随着数字金融的进一步发展和应用，金融交易和数据信息的关联性不断增强，金融投资及转换更加便捷高效，金融业务的实时性和转化性越发明显，这就要求金融监管需要具备实时性的监管，对监管提出了更高的要求。传统的金融监管手段很难达到与金融创新业务的匹配性，所以需要大力发展金融监管科技，实现金融监管规则实时化、数字化、智能化等，并优化传统监管模式和流程，匹配金融创新的监管要求，降低金融风险。

第八章
研究结论、启示与展望

本书主要推理和实证检验了数字金融对我国商业银行风险承担水平、稳健性以及竞争程度的影响。根据实证证据和影响机制提出了相应的政策建议。

一、主要结论及启示

本书主要研究了数字金融对我国商业银行风险承担水平、稳健性以及竞争程度的影响。首先，研究了数字金融对我国商业银行风险承担水平的影响，并分析了数字金融对我国商业银行风险承担水平影响的作用机制和治理机制。其次，研究了数字金融对我国商业银行稳健性的影响，并分析了数字金融对我国商业银行稳健性影响的作用机制和治理机制。最后，验证并分析了数字金融对我国商业银行竞争程度的影响以及两者关系的作用机制和治理机制。本书主要得出以下研究结论。

第一，数字金融发展水平越高，商业银行风险承担水平就会越高。

数字金融导致的商业银行存款结构的恶化和付息成本的提高是影响商业银行风险承担水平的作用机制。数字金融对商业银行风险承担水平的影响在东部地区的商业银行、非国有商业银行以及小规模商业银行中影响更大，而对中西部商业银行、国有商业银行以及规模较大的商业银行影响较小。

第二，数字金融发展水平越高，商业银行的稳健性则越低。数字金融使用深度、覆盖广度、数字化程度都显著地降低了商业银行的稳健性。数字金融通过信息效应和风险效应影响了商业银行的稳健性。数字金融对中小型商业银行、非国有商业银行稳健性影响较大，而对大型商业银行以及股份制商业银行、国有商业银行的影响较小。

第三，数字金融发展水平越高，商业银行的竞争程度就会越高。数字金融覆盖广度、使用深度显著地提升了商业银行的竞争程度，没有发现数字金融数字化程度影响商业银行竞争程度的证据。数字金融可以通过影响商业银行的净息差影响商业银行的竞争程度。数字金融对东部地区的商业银行、非国有商业银行以及规模较小商业银行的竞争程度影响较大，而对中西部地区、国有商业银行以及规模较大的商业银行影响较小。

二、本书的研究局限及展望

本书主要对数字金融与商业银行风险承担水平、稳健性以及竞争程度的关系进行了理论分析和实证验证，尝试丰富宏观经济层面金融创新的经济后果以及商业银行行为影响因素的研究成果，并试图理清数字金融影响商业银行的作用机制和治理机制，以及会对二者关系产生影响的因素进行较为完善的推理和分析。但由于笔者的研究能力有待进一步提高且受研究时间的限制，本书还有以下不足之处：一是数字金融的相关数据主要采用北京大学数字金融研究中心的相关数据，该数据目前可以获取的数据截至 2018 年，数据未能更新至最近年份，研究具有一定的滞后性。二是目前对商业银行影响的框架中，还有关于数字金融对银行绩效影响的研究，鉴于篇幅的限制，本书没有从这个角度研究数字金融对商业银行的影响。三是目前我国尚未制定健全的数字金融监管政策，由于研究能力限制，本书未能提出操作性较强、可直接使用的政策建议供监管部门借鉴。本书研究的不足之处和局限性，是笔者继续进行深入研究的方向和突破点，笔者将会对商业银行风险管理、数字金融经济后果以及监管政策的制定继续进行深入的研究。

参 考 文 献

[1] 蔡文德、徐闻鹏、段家钦：《我国数字普惠金融发展的路径、问题与建议》，载于《金融科技时代》2021 年第 7 期。

[2] 陈国进、蒋晓宇、刘彦臻等：《资产透明度、监管套利与银行系统性风险》，载于《金融研究》2021 年第 3 期。

[3] 陈景华、陈姚、陈敏敏：《中国经济高质量发展水平、区域差异及分布动态演进》，载于《数量经济技术经济研究》2020 年第 12 期。

[4] 陈敏、高传君：《金融科技发展与我国银行风险承担行为》，载于《学习与实践》2022 年第 1 期。

[5] 陈守东、王淼：《我国银行体系的稳健性研究——基于面板 VAR 的实证分析》，载于《数量经济技术经济研究》2011 年第 10 期。

[6] 陈旺、黄家炜、汪澜：《金融开放与银行风险承担的异质性研究——基于 98 个国家的实证分析》，载于《国际金融研究》2020 年第 1 期。

[7] 陈翔、肖序：《中国工业产业循环经济效率区域差异动态演化研究与影响因素分析——来自造纸及纸制品业的实证研究》，载于《中国软科学》2015 年第 1 期。

[8] 陈雄兵：《银行业集中、竞争与稳定的研究述评》，载于《国际金融研究》2011 年第 5 期。

[9] 陈旭、赵全厚：《数字金融对企业正规融资影响：挤出还是促进？——基于企业成本微观调研数据》，载于《经济体制改革》2022 年

第 2 期。

[10] 陈中飞、江康奇：《数字金融发展与企业全要素生产率》，载于《经济学动态》2021 年第 10 期。

[11] 戴国强、方鹏飞：《利率市场化与银行风险——基于影子银行与互联网金融视角的研究》，载于《金融论坛》2014 年第 8 期。

[12] 丁宁：《利率市场化进程中影子银行规模对中国商业银行效益的影响分析》，载于《宏观经济研究》2015 年第 7 期。

[13] 丁振辉：《金融创新对商业银行稳健性的影响》，载于《武汉金融》2015 年第 7 期。

[14] 杜继艳：《数字金融在中国的发展及监管启示》，载于《产业创新研究》2020 年第 13 期。

[15] 杜小娟、张庆君、郭辽：《非常规货币政策与银行风险承担》，载于《金融与经济》2021 年第 7 期。

[16] 樊莉、李嘉玲：《互联网金融对商业银行技术进步效率影响的实证研究》，载于《中国物价》2019 年第 2 期。

[17] 房红：《金融可持续发展理论与传统金融发展理论的比较与创新》，载于《经济体制改革》2011 年第 3 期。

[18] 封思贤、郭仁静：《数字金融、银行竞争与银行效率》，载于《改革》2019 年第 11 期。

[19] 付争、王皓：《竞争还是竞合：数字金融赋能下金融包容与银行体系发展》，载于《国际金融研究》2021 年第 1 期。

[20] 付争、周帅：《数字金融时代金融包容的全球空间效应》，载于《世界经济研究》2021 年第 8 期。

[21] 傅利福、魏建、王素素：《金融抑制、银行业结构与银行业竞争》，载于《金融经济学研究》2014 年第 4 期。

[22] 傅顺、裴平：《互联网金融发展与商业银行净息差——来自中国 36 家上市银行的经验证据》，载于《国际金融研究》2022 年第 2 期。

［23］龚锋：《试论银行业稳健经营指标体系的构建及现实意义》，载于《金融论坛》2003 年第 4 期。

［24］郭品、沈悦：《互联网金融、存款竞争与银行风险承担》，载于《金融研究》2019 年第 8 期。

［25］郭晔、赵静：《存款竞争、影子银行与银行系统风险——基于中国上市银行微观数据的实证研究》，载于《金融研究》2017 年第 6 期。

［26］韩国文、江春：《金融发展理论国外研究的最新进展》，载于《广东金融学院学报》2008 年第 1 期。

［27］何剑、魏涛：《数字金融削弱了货币政策有效性吗？——来自上市公司投资行为的证据》，载于《财贸研究》2022 年第 2 期。

［28］胡利琴、陈锐、班若愚：《货币政策、影子银行发展与风险承担渠道的非对称效应分析》，载于《金融研究》2016 年第 2 期。

［29］胡灵、窦钱斌、刘崇书：《数字金融有助于降低商业银行风险吗？——来自中国银行业的证据》，载于《新金融》2022 年第 1 期。

［30］黄浩：《数字金融生态系统的形成与挑战——来自中国的经验》，载于《经济学家》2018 年第 4 期。

［31］黄树青、刘婷婷：《竞争与银行业稳定性：一个基于文献的梳理》，载于《华北金融》2011 年第 8 期。

［32］黄益平、黄卓：《中国的数字金融发展：现在与未来》，载于《经济学（季刊）》2018 年第 4 期。

［33］黄益平、陶坤玉：《中国的数字金融革命：发展、影响与监管启示》，载于《国际经济评论》2019 年第 6 期。

［34］黄益平：《数字技术如何改变金融机构》，载于《新金融评论》2021 年第 1 期。

［35］江春、苏志伟：《金融发展如何促进经济增长——一个文献综述》，载于《金融研究》2013 年第 9 期。

［36］江曙霞、陈玉婵：《金融约束政策下的金融发展与经济效率》，

载于《统计研究》2011 年第 7 期。

[37] 姜睿：《我国金融科技演进逻辑、阶段特征与提升路径》，载于《经济体制改革》2020 年第 6 期。

[38] 蒋海、吴文洋：《创新影响了银行风险承担吗？——基于中国上市银行的实证检验》，载于《国际金融研究》2020 年第 3 期。

[39] 蒋海、杨利：《监管压力、市场竞争力与银行稳健性——基于中国 48 家商业银行的实证分析》，载于《广东财经大学学报》2017 年第 3 期。

[40] 蒋峦、谢卫红、蓝海林：《企业竞争优势理论综述》，载于《软科学》2005 年第 4 期。

[41] 金鹏辉、张翔、高峰：《货币政策对银行风险承担的影响——基于银行业整体的研究》，载于《金融研究》2014 年第 2 期。

[42] 李北伟、耿爽：《利率并轨政策对银行稳健性的冲击》，载于《南京师大学报（社会科学版）》2020 年第 3 期。

[43] 李博华：《数字金融发展、银行同业业务与风险承担》，载于《金融发展评论》2021 年第 12 期。

[44] 李菲菲、马若微、黄解宇：《数字金融、产权性质与企业创新——基于创新异质性视角》，载于《技术经济与管理研究》2022 年第 3 期。

[45] 李久林：《商业银行规模和收入结构对系统性风险的影响研究》，载于《金融监管研究》2019 年第 3 期。

[46] 李师语：《我国数字普惠金融发展现状、问题及融合研究》，载于《东北财经大学学报》2022 年第 2 期。

[47] 李万里：《数字金融创新与监管探究——评中译出版社《数字金融：科技赋能与金融监管》，载于《价格理论与实践》2021 年第 8 期。

[48] 李晓园、刘雨濛：《数字普惠金融如何促进农村创业？》，载于《经济管理》2021 年第 12 期。

［49］李洋、佟孟华、褚翠翠：《银行业竞争、信贷配置效率与风险承担》，载于《当代经济管理》2022年第44期。

［50］梁榜、张建华：《数字普惠金融发展能激励创新吗？——来自中国城市和中小企业的证据》，载于《当代经济科学》2019年第5期。

［51］梁涵书、张艺：《数字金融发展、金融监管与我国商业银行风险》，载于《金融与经济》2021年第1期。

［52］林毅夫、李永军：《比较优势、竞争优势与发展中国家的经济发展》，载于《管理世界》2003年第7期。

［53］刘孟飞、蒋维：《金融科技加重还是减轻了商业银行风险承担——来自中国银行业的经验证据》，载于《商业研究》2021年第5期。

［54］刘孟飞、王琦：《数字金融对商业银行风险承担的影响机制研究》，载于《会计与经济研究》2022年第1期。

［55］刘珊珊：《竞争与变革：互联网金融对传统银行业的冲击》，载于《时代金融》2017年第5期。

［56］刘卫江：《中国银行体系脆弱性问题的实证研究》，载于《管理世界》2002年第7期。

［57］刘忠璐、林章悦：《互联网金融对商业银行盈利的影响研究》，载于《北京社会科学》2016年第9期。

［58］卢盼盼、胡捷：《中国商业银行稳健性测度》，载于《金融与经济》2012年第11期。

［59］卢盼盼、张长全：《金融脱媒对商业银行稳健性影响的实证研究》，载于《上海金融》2013年第1期。

［60］陆岷峰、周军煜：《中小商业银行：风险管理、公司治理与改革策略》，载于《济南大学学报（社会科学版）》2020年第4期。

［61］马理、杨嘉懿：《特许权价值与商业银行行为选择》，载于《财政研究》2012年第8期。

［62］马小龙：《乡村振兴背景下金融支持农户创业的现实困境与路径破解》，载于《西南金融》2020年第10期。

[63] 马园：《经济政策不确定性对我国商业银行风险承担的影响研究》，载于《现代审计与会计》2022 年第 5 期。

[64] 孟娜娜、粟勤、雷海波：《金融科技如何影响银行业竞争》，载于《财贸经济》2020 年第 3 期。

[65] 米军、黄轩雯、刘彦君：《金融发展理论研究进展述评》，载于《国外社会科学》2012 年第 6 期。

[66] 莫易娴：《传统金融与互联网金融的竞争与合作》，载于《财会月刊》2014 年第 14 期。

[67] 聂卉、蒋紫薇：《竞争与银行业稳定性关系：理论假说与经验证据》，载于《商业经济》2016 年第 2 期。

[68] 牛晓健、裘翔：《利率与银行风险承担——基于中国上市银行的实证研究》，载于《金融研究》2013 年第 4 期。

[69] 邱晗、黄益平、纪洋：《金融科技对传统银行行为的影响——基于互联网理财的视角》，载于《金融研究》2018 年第 11 期。

[70] 邱平：《市场约束对银行稳健性影响的实证检验》，载于《商业经济》2015 年第 5 期。

[71] 曲洪建、孙明贵、张相贤：《特许权价值、公司治理和银行稳健性——基于特许权价值和公司治理交互作用的视角》，载于《财贸研究》2013 年第 5 期。

[72] 曲洪建、孙明贵：《特许权价值和单体银行稳健性的关系研究》，载于《财经研究》2010 年第 12 期。

[73] 任碧云、李柳颖：《数字普惠金融是否促进农村包容性增长——基于京津冀 2114 位农村居民调查数据的研究》，载于《现代财经（天津财经大学学报）》2019 年第 4 期。

[74] 尚文程、刘勇、张蓓：《银行特许权价值、风险和竞争——来自于中国上市银行的证据》，载于《财经问题研究》2012 年第 1 期。

[75] 邵汉华、王凯月：《普惠金融的减贫效应及作用机制——基于跨国面板数据的实证分析》，载于《金融经济学研究》2017 年第 6 期。

［76］沈悦、郭品：《互联网金融、技术溢出与商业银行全要素生产率》，载于《金融研究》2015年第3期。

［77］宋科、刘家琳、李宙甲：《县域金融可得性与数字普惠金融——基于新型金融机构视角》，载于《财贸经济》2022年第4期。

［78］宋伟、杨海芬：《数字普惠金融对农村家庭创业的影响研究》，载于《农业经济》2022年第2期。

［79］粟麟、杨伟明：《数字金融：发展现状、未来趋势与监管启示》，载于《北方金融》2021年第6期。

［80］孙安琴：《信用风险转移与银行体系稳定性研究》，载于《金融研究》2011年第11期。

［81］孙学斌、刘旸：《银行业竞争与稳定相关理论综述》，载于《河南科技》2011年第23期。

［82］孙志红、琚望静：《数字金融的结构性效应：风险抑制还是推助?》，载于《产业经济研究》2022年第2期。

［83］滕磊：《数字普惠金融缓解中小企业融资约束的机制与路径》，载于《调研世界》2020年第9期。

［84］田雅群、何广文：《互联网金融、市场竞争对农村商业银行风险的影响研究》，载于《农业技术经济》2022年第3期。

［85］万佳彧、周勤、肖义：《数字金融、融资约束与企业创新》，载于《经济评论》2020年第1期。

［86］汪伟、郑颖、阮超：《数字金融发展与商业银行转型研究进展》，载于《金融科技时代》2021年第11期。

［87］王东、翟亚婧：《竞争优势理论发展综述》，载于《长春大学学报》2014年第1期。

［88］王宏鸣、孙鹏博、郭慧芳：《数字金融如何赋能企业数字化转型?——来自中国上市公司的经验证据》，载于《财经论丛》2022年第10期。

［89］王景利：《数字金融给金融监管带来的机遇与挑战》，载于

《金融理论与教学》2022 年第 2 期。

[90] 王连军:《去杠杆化与银行体系稳定性研究——基于中国银行业的实证》,载于《国际金融研究》2018 年第 10 期。

[91] 王倩、张晋嵘:《数字金融对农民创业的影响分析》,载于《武汉金融》2022 年第 1 期。

[92] 王升、李亚、郜如明:《互联网金融对商业银行风险承担的影响研究——基于中国 30 家商业银行的实证分析》,载于《金融发展研究》2021 年第 1 期。

[93] 王馨:《互联网金融助解"长尾"小微企业融资难问题研究》,载于《金融研究》2015 年第 9 期。

[94] 王召、郑建峡、刘俊奇等:《数字普惠金融能降低影子银行规模吗?》,载于《金融理论与实践》2021 年第 11 期。

[95] 温博慧、刘雨菲、程朋媛:《数字金融对传统银行小微贷款影响的空间效应——基于非平衡空间计量模型的实证检验》,载于《国际金融研究》2022 年第 3 期。

[96] 吴成颂、汪翔宇:《市场竞争、商业银行金融创新与银行业系统性风险——基于 14 家商业银行的实证研究》,载于《经济与管理评论》2019 年第 2 期。

[97] 吴牧航:《基于数字金融对商业银行的影响研究》,载于《商场现代化》2021 年第 1 期。

[98] 吴秋实、李兆君:《银行业竞争、特许权价值与风险承担研究述评》,载于《中南财经政法大学学报》2010 年第 3 期。

[99] 吴桐桐、王仁曾:《数字金融、银行竞争与银行风险承担——基于 149 家中小商业银行的研究》,载于《财经论丛》2021 年第 3 期。

[100] 吴炯光、王浩斌:《金融科技对商业银行绩效的影响研究》,载于《时代金融》2022 年第 1 期。

[101] 伍志文:《金融脆弱性:理论及基于中国的经验分析(1991—2000)》,载于《经济评论》2003 年第 2 期。

［102］项后军、闫玉：《理财产品发展、利率市场化与银行风险承担问题研究》，载于《金融研究》2017年第10期。

［103］项后军、张清俊、于洋：《金融深化改革如何影响银行特许权价值——基于利率市场化和存款保险制度的研究》，载于《国际金融研究》2020年第4期。

［104］项后军、张清俊：《中国的显性存款保险制度与银行风险》，载于《经济研究》2020年第12期。

［105］肖翔、丁洋洋、王思纯：《金融科技发展指数的国际比较研究》，载于《金融理论与实践》2021年第10期。

［106］肖翔：《构建数字金融综合监管体系》，载于《中国金融》2022年第4期。

［107］谢平、邹传伟：《互联网金融模式研究》，载于《金融研究》2012年第12期。

［108］谢文武、汪涛、俞佳根：《数字普惠金融是否促进了农村创业？》，载于《金融理论与实践》2020年第7期。

［109］谢绚丽、沈艳、张皓星等：《数字金融能促进创业吗？——来自中国的证据》，载于《经济学（季刊）》2018年第4期。

［110］谢雪燕、朱晓阳：《数字金融与中小企业技术创新——来自新三板企业的证据》，载于《国际金融研究》2021年第1期。

［111］许友传、苏峻：《应急资本工具在限制银行风险承担中的作用》，载于《金融研究》2015年第6期。

［112］许月丽、李帅、刘志媛：《数字金融影响了货币需求函数的稳定性吗？》，载于《南开经济研究》2020年第5期。

［113］杨傲、王力：《互联网金融技术溢出对商业银行效率提升的影响研究》，载于《北京化工大学学报（社会科学版）》2019年第1期。

［114］杨东：《监管科技：金融科技的监管挑战与维度建构》，载于《中国社会科学》2018年第5期。

［115］杨飞虎：《波特国家竞争优势理论及对我国的借鉴意义》，载

于《学术论坛》2007年第5期。

[116] 杨晓军、陈浩：《中国城乡基本公共服务均等化的区域差异及收敛性》，载于《数量经济技术经济研究》2020年第12期。

[117] 殷开睿、姚君：《银行竞争度对银行稳定性的影响——一个文献综述》，载于《现代管理科学》2017年第2期。

[118] 应展宇、张夏晗：《双重竞争约束下中国商业银行风险承担行为研究》，载于《当代经济科学》2020年第4期。

[119] 于静：《资产证券化对银行稳定性的影响研究》，载于《武汉理工大学学报（信息与管理工程版）》2008年第6期。

[120] 喻微锋、周黛：《互联网金融、商业银行规模与风险承担》，载于《云南财经大学学报》2018年第1期。

[121] 曾懿亮、王亚楠、张定胜等：《不对称信息下商业银行规模与贷款利率定价》，载于《中央财经大学学报》2019年第1期。

[122] 战明华、张成瑞、沈娟：《互联网金融发展与货币政策的银行信贷渠道传导》，载于《经济研究》2018年第4期。

[123] 战文清、刘尧成：《数字金融对中国商业银行风险的影响机制分析》，载于《浙江金融》2021年第12期。

[124] 张艾莲、代雪雅：《中国分地区银行业市场结构与中小企业融资》，载于《金融论坛》2019年第6期。

[125] 张超、钟昌标、杨佳妮：《数字金融对实体企业高质量发展的影响研究——基于浙江的实证》，载于《华东经济管理》2022年第3期。

[126] 张定法、刘诚：《欧洲金融科技监管的问题、做法及其启示》，载于《广西财经学院学报》2019年第2期。

[127] 张金昌：《波特的国家竞争优势理论剖析》，载于《中国工业经济》2001年第9期。

[128] 张楷卉：《数字金融发展趋势与监管研究》，载于《现代营销（经营版）》2021年第11期。

［129］张庆君、何德旭：《特许权价值、市场竞争与银行稳定研究述评》，载于《金融理论与实践》2013 年第 10 期。

［130］张勋、万广华、张佳佳等：《数字经济、普惠金融与包容性增长》，载于《经济研究》2019 年第 8 期。

［131］张亦春、彭江：《影子银行对商业银行稳健性和经济增长的影响——基于面板 VAR 模型的动态分析》，载于《投资研究》2014 年第 5 期。

［132］张瑜、吴静怡、王新军：《存款保险制度对商业银行破产风险影响的实证研究——基于商业银行性质及规模的视角》，载于《金融发展研究》2020 年第 7 期。

［133］郑磊：《去中心化金融和数字金融的创新与监管》，载于《财经问题研究》2022 年第 4 期。

［134］郑联盛：《中国互联网金融：模式、影响、本质与风险》，载于《国际经济评论》2014 年第 5 期。

［135］郑雨稀、杨蓉、Mohammad Heydari：《数字金融促进了突破式创新还是渐进式创新?》，载于《云南财经大学学报》2022 年第 2 期。

［136］中国人民银行惠州市中心支行课题组、吴燕生和戴朝忠等：《互联网金融对货币政策传导的影响研究》，载于《武汉金融》2016 年第 3 期。

［137］钟陈、夏莹：《商业银行公司治理、内部控制与风险管理——基于我国 15 家上市银行的实证研究》，载于《西部金融》2016 年第 5 期。

［138］周慧君、顾金宏：《外资银行渗透对中国银行业体系稳定性的影响——基于阶段理论与演化理论的实证研究》，载于《国际金融研究》2009 年第 12 期。

［139］周雷、钟露、马安楠：《金融科技竞争对商业银行资产风险的影响研究——基于利率市场化的调节》，载于《金融发展评论》2020 年第 12 期。

［140］周艳海、刘洪锋：《金融监管对商业银行会计稳健性影响分析》，载于《财会通讯》2014 年第 18 期。

［141］朱一鸣、王伟：《普惠金融如何实现精准扶贫?》，载于《财经研究》2017 年第 10 期。

［142］庄毓敏、孙安琴、毕毅：《信用风险转移创新与银行（体系）的稳定性——基于美国银行数据的实证研究》，载于《金融研究》2012 年第 6 期。

［143］邹朋飞、欧阳青东：《信贷市场竞争与银行业的稳定性》，载于《湘潭大学学报（哲学社会科学版）》2011 年第 3 期。

［144］邹伟、凌江怀：《普惠金融与中小微企业融资约束——来自中国中小微企业的经验证据》，载于《财经论丛》2018 年第 6 期。

［145］左峥、唐兴国、刘艺哲：《存款利率市场化是否会提高银行风险——基于存贷利差收窄的一个视角》，载于《财经科学》2014 年第 2 期。

［146］A T B, B C K, Does Contingent Capital Induce Excessive Risk-taking? Journal of Financial Intermediation, Vol. 24, No. 3, 2015, pp. 356 – 385.

［147］Agoraki M, Delis M D, Pasiouras F, Regulations, Competition and Bank Risk-taking in Transition Countries. Journal of Financial Stability, Vol. 7, No. 1, 2011, pp. 38 – 48.

［148］Agur I, Capital Requirements and Credit Rationing. DNB Working Papers, Vol. 9, No. 257, 2011, pp. 38 – 45.

［149］Agur, Itai, Wholesale Bank Funding, Capital Requirements and Credit Rationing. Journal of Financial Stability, Vol. 9, No. 1, 2013, pp. 38 – 45.

［150］Andrievskaya I, Semenova M, Does Banking System Transparency Enhance Bank Competition? Cross-Country Evidence. Journal of Financial Stability, Vol. 23, No. 9, 2016, pp. 33 – 50.

［151］Ashraf, Nadeem B, Political Institutions and Bank Risk-taking behavior. Journal of Financial Stability, Vol. 29, No. 2017, pp. 13 – 35.

[152] B P C A, A A P, Multimarket Contact, Competition and Pricing Inbanking. Journal of International Money and Finance, Vol. 37, No. 7, 2013, pp. 187 – 214.

[153] Balli F, Basher S A, Louis R J, Risk Sharing in the Middle East and North Africa: The Role of Remittances and Factor Incomes. Economics of Transition, Vol. 21, No. 1, 2013, pp. 135 – 155.

[154] Beck T, Levine R, Loayza N, Finance and the sources of growth. Journal of Financial Economics, Vol. 58, No. 1 – 2, 2000, pp. 261 – 300.

[155] Berger A N, Klapper L F, Turk-Ariss R, Bank Competition and Financial Stability. Journal of Financial Services Research, Vol. 35, No. 2, 2009, pp. 99 – 118.

[156] Bikker J A, Bos J. Bank Performance: A theoretical and empirical framework for the analysis of profitability, competition and efficiency [M]. Bank Performance: A Theoretical and Empirical Framework for the Analysis of Profitability, Competition, and Efficiency, 2008.

[157] Boyd J H, De Nicoló G, The Theory of Bank Risk Taking and Competition Revisited. The Journal of Finance, Vol. 60, No. 3, 2005, pp. 1329 – 1343.

[158] Carlson M, Mitchener K J, Branch banking, bank competition, and financial stability. Board of Governors of the Federal Reserve System (U. S.), 5, 2005.

[159] Craig B R, Dinger V, Deposit Market Competition, Wholesale Funding, and Bank Risk. Social Science Electronic Publishing, Vol. 37, No. 9, 2013, pp. 3605 – 3622.

[160] Cubillas E, Gonzlez F, Financial Liberalization and Bank Risk-taking: International Evidence. Journal of Financial Stability, Vol. 11, No. 2014, pp. 32 – 48.

［161］Dermine J, Basel Ⅲ Leverage Ratio Requirement and the Proba-bility of Bank Runs. Journal of Banking & Finance, Vol. 53, No. apr. , 2015, pp. 266 – 277.

［162］Diamond D W, Dybvig P H, Bank Runs, Deposit Insurance, and Liquidity. The Journal of Political Economy, Vol. 91, No. 3, 1983, pp. 401 – 419.

［163］Feinberg R M, Pricing of First-Run Movies in Small U. S. Metro-politan Areas: Multimarket Contact and Chain Effects. B. e. Journal of Eco-nomic Analysis & Policy, Vol. 15, No. 1, 2014, pp. 285 – 297.

［164］Fiordelisi F, Mare D S, Competition and Financial Stability in European Cooperative Banks. Journal of International Money & Finance, Vol. 45, No. JUL. , 2014, pp. 1 – 16.

［165］Fu W W, Multimarket Contact of US Newspaper Chains: Circu-lation Competition and Market Coordination. Information Economics & Policy, Vol. 15, No. 4, 2003, pp. 501 – 519.

［166］Garrelts H, Lange H, Path Dependencies and Path Change in Complex Fields of Action: Climate Adaptation Policies in Germany in the Realm of Flood Risk Management. AMBIO, Vol. 40, No. 2, 2011, pp. 200 – 209.

［167］Glvan B, Anghel F, We Are Not Macroprudentialists A Skeptical View of Prudential Regulation to Deal with Systemic Externalities. Independent Review, Vol. 17, No. 3, 2013, pp. 349 – 368.

［168］Habib M A, Ziegler A, Why Government Bonds are Sold by Auction and Corporate Bonds by Posted-price Selling. Journal of Financial In-termediation, Vol. 16, No. 3, 2007, pp. 343 – 367.

［169］Hakenes H, Schnabel I, Capital Regulation, Bank Competition, and Financial Stability. Economics Letters, Vol. 113, No. 3, 2011, pp. 256 – 258.

［170］Hakenes H, Schnabel I, Credit Risk Transfer and Bank Competition. Journal of Financial Intermediation, Vol. 19, No. 3, 2010, pp. 308 – 332.

[171] Hannan T H, Prager R A, The Competitive Implications of Multimarket Bank Branching. Journal of Banking & Finance, Vol. 28, No. 8, 2004, pp. 1889 – 1914.

[172] Hannan T H, Retail Deposit Fees and Multimarket Banking. Journal of Banking & Finance, Vol. 30, No. 9, 2006, pp. 2578.

[173] Hans, Degryse, And, et al. The Impact of Competition on Bank Orientation. Journal of Financial Intermediation, 2007.

[174] Ho-Mou W, Yue Z, Optimal Leverage Ratio and Capital Requirements with Limited Regulatory Power. Review of Finance, 6, 2016, pp. v68.

[175] Ignatowski M, Korte J, Wishful Thinking or Effective Threat? Tightening Bank Resolution Regimes and Bank Risk-Taking. Journal of Financial Stability, Vol. 15, No. C, 2014, pp. 264 – 281.

[176] Jeon J Q, Lim K K, Bank Competition and Financial Stability: A Comparison of Commercial Banks and Mutual Savings Banks in Korea. Pacific Basin Finance Journal, Vol. 25, No. 2013, pp. 253 – 272.

[177] Jimnez G, Lopez J A, Saurina J, How does Competition Affect Bank Risk-taking? Journal of Financial Stability, Vol. 9, No. 2, 2013, pp. 185 – 195.

[178] Kang W, Bayus B L, Balasubramanian S, The Strategic Effects of Multimarket Contact: Mutual Forbearance and Competitive Response in the Personal Computer Industry. Journal of Marketing Research, Vol. 47, No. 3, 2009, pp. 415 – 427.

[179] Kasman A, Carvallo O, Financial Stability, Competition and Efficiency in Latin American and Caribbean Banking. Journal of Applied Economics, Vol. 17, No. 2, 2014, pp. 301 – 324.

[180] Kishan R P, Opiela T P, Risk Pricing of Wholesale Funds and

the Behavior of Retail Deposit Rates. North American Journal of Economics & Finance, Vol. 42, No. nov. , 2017, pp. 668 – 681.

[181] Kregel J A, Margins of Safety and Weight of the Argument in Generating Financial Fragility. Journal of Economic Issues, Vol. 31, No. 2, 2016, pp. 543 – 548.

[182] Kunt A D, Huizinga H, Bank Activity and Funding Strategies: The Impact on Risk and Returns. Journal of Financial Economics, Vol. 98, No. 3, 2011, pp. 626 – 650.

[183] Leroy, Aurelien, Lucotte, et al. Is there a Competition-stability Trade-off in European Banking? Journal of International Financial Markets, Institutions & Money, 2017.

[184] Martinez-Miera D, Repullo R, Does Competition Reduce the Risk of Bank Failure? Review of Financial Studies, Vol. 23, No. 10, 2010, pp. 3638 – 3664.

[185] Mateev M, Sahyouni A, Moudud-Ul-Huq S, Regulation, Banking Competition and Risk-taking Behavior in the MENA Region: Policy Implications for Islamic Banks. Journal of Islamic Accounting and Business Research, Vol. 13, No. 2, 2022, pp. 297 – 337.

[186] Mester B, Inside the Black Box: What Explains Differences in the Efficiencies of Financial Institutions? Journal of Banking & Finance, 1997.

[187] Neyer U, Sterzel A, Capital Requirements for Government Bonds: Implications for Bank Behaviour and Financial Stability. DICE Discussion Papers, 2017.

[188] Noman A H M, Gee C S, Isa C R, Does Bank Regulation Matter on the Relationship between Competition and Financial Stability? Evidence from Southeast Asian Countries. Pacific-Basin Finance Journal, Vol. 48, No. APR. , 2018, pp. 144 – 161.

[189] Prager H, Multimarket Bank Pricing: An Empirical Investigation

of Deposit Interest Rates. Journal of Economics and Business, 2006.

[190] Schepens J G, Bank Competition and Stability: Cross-country Heterogeneity. Journal of Financial Intermediation, 2013.

[191] Seelye N, Ziegler P, Predicting Bank Failures: The Neccesity of Bank Capital Requirements. International Journal of Business and Economics Perspectives, Vol. 14, No. 1, 2019, pp. 77 – 86.

[192] Shaffer S, The Winner's Curse in Banking. Journal of Financial Intermediation, Vol. 7, No. 4, 1998, pp. 359 – 392.

[193] Simsek, A., Speculation and Risk Sharing with New Financial Assets. Quarterly Journal of Economics, Vol. 128, No. 3, 2013, pp. 1365 – 1396.

[194] Spahr R W, Predicting Bank Failures and Intertemporal Assessment of Bank Risk. Journal of Business Research, Vol. 19, No. 3, 1989, pp. 179 – 185.

[195] Strobl S, Stand-alone vs Systemic Risk-taking of Financial Institutions. The Journal of Risk Finance, Vol. 17, No. 4, 2017, pp. 374 – 389.

[196] Tan Y, The Impacts of Risk and Competition on Bank Profitability in China. Journal of International Financial Markets Institutions & Money, Vol. 40, No. 2016, pp. 85 – 110.

[197] Vargas H, Betancourt Y R, Fiscal Policy Restrictions on Inflation Targeting: A Political Economy Approach. Desarrollo Y Sociedad, Vol. 65, No. 65, 2010, pp. 241 – 252.

[198] Vicente L, Cerezetti F V, Faria S, et al. Managing Risk in Multi-asset Class, Multimarket Central Counterparties: The CORE Approach. Journal of Banking & Finance, Vol. 51, No. 2015, pp. 119 – 130.

[199] Wahyoe, Soedarmono, And, et al. Bank Competition, Crisis and Risk Taking: Evidence from Emerging Markets in Asia. Journal of International Financial Markets, Institutions and Money, 2013, pp.

[200] Zigraiova D, Havranek T, Bank Competition and Financial Sta-

bility: Much Ado About Nothing? Journal of Economic Surveys, Vol. 30, No. 2016.

[201] Zou P F, Ouyang Q D, Credit Market Competition and Financial Stability. Journal of Xiangtan University (Philosophy and Social Sciences), 2011.

图书在版编目（CIP）数据

数字金融对商业银行的影响研究/刘会芹著. —北京：经济科学出版社，2022.10

ISBN 978 - 7 - 5218 - 4121 - 3

Ⅰ.①数… Ⅱ.①刘… Ⅲ.①数字技术 – 应用 – 商业银行 – 银行发展 – 研究 – 中国 Ⅳ.①F832.33 – 39

中国版本图书馆 CIP 数据核字（2022）第 194562 号

责任编辑：初少磊　杨　梅
责任校对：刘　娅
责任印制：范　艳

数字金融对商业银行的影响研究

刘会芹　著

经济科学出版社出版、发行　新华书店经销
社址：北京市海淀区阜成路甲 28 号　邮编：100142
总编部电话：010 - 88191217　发行部电话：010 - 88191522
网址：www. esp. com. cn
电子邮箱：esp@ esp. com. cn
天猫网店：经济科学出版社旗舰店
网址：http：//jjkxcbs. tmall. com
北京季蜂印刷有限公司印装
710×1000　16 开　10.25 印张　140000 字
2022 年 12 月第 1 版　2022 年 12 月第 1 次印刷
ISBN 978 - 7 - 5218 - 4121 - 3　定价：51.00 元
（图书出现印装问题，本社负责调换。电话：010 - 88191510）
（版权所有　侵权必究　打击盗版　举报热线：010 - 88191661
QQ：2242791300　营销中心电话：010 - 88191537
电子邮箱：dbts@ esp. com. cn）